JOHANN SEBASTIAN BACH
una vida para la música

C. García Moyano

Casals

Johann Christoph, el hermano mayor, se acercó a ver al recién nacido.

—Padre, ¿qué nombre le vais a poner?

—Para no romper la tradición familiar, su primer nombre será Johann y de segundo le pondremos Sebastian. Se llamará Johann Sebastian Bach. Esta Pascua la celebraremos dando gracias al cielo por el músico recién nacido.

Johann Christoph se dirigió de nuevo a su padre:

—Padre, ¿crees que será guitarrista y se parecerá al difunto abuelo Vito, o será flautista y se parecerá a ti?

—Hijo, ¡cómo podemos saberlo ahora! Lo que sí sé es que también a él le enseñaremos enseguida las primeras lecciones de música. Seguro que tú y tu hermano aceptaréis acompañarme en esta tarea. ¿Querrás ayudarme, Christoph?

—Claro, padre, y Jacob seguro que también querrá colaborar.

—Muy bien, hijos, eso es. Entre todos procuraremos que el pequeño Sebastian reciba también toda la herencia musical de nuestra familia.

En efecto, Johann Sebastian Bach nació en el seno de una familia de músicos. El primero del que se tenían datos precisos era Vito Bach, tatarabuelo de Johann Sebastian. Vito fue molinero y panadero, y se dice que su mayor placer consistía en llevar una guitarra[2] al molino y tocar mientras se molía el trigo.

Ya desde esas primeras generaciones, todos los miembros de la familia Bach acostumbraban a reunirse

---

2. En aquella época las guitarras no eran como en la actualidad. La guitarra barroca venía a ser una variedad del laúd que entonces tenía once cuerdas dobles.

por lo menos una vez al año para interpretar y componer música juntos. Solían empezar ejecutando un coral[3] y a continuación se divertían improvisando canciones a partir de melodías populares. Los miembros de la familia Bach tenían ya entonces fama de buenos instrumentistas, sobre todo de órgano, clave e instrumentos de viento, y también gozaban de cierto prestigio como constructores de instrumentos. Con estos antecedentes resulta fácil comprender la buena predisposición que encontraría Johann Sebastian para desarrollar su propio talento.

La familia vivía en Eisenach, una pequeña ciudad alemana situada en el distrito de Erfurt a pocos kilómetros de distancia del castillo de Wartburgo. Allí fue donde Lutero tradujo la Biblia al alemán y tuvo origen la Reforma Protestante que tanto habría de influir en la religiosidad de Sebastian.[4]

Pero, para comprender mejor la vida de este gran músico, tenemos que situarnos en la época y en el lugar

---

3. Cántico oficial de la Iglesia protestante alemana. A través de estos cánticos, se potenciaba la participación del pueblo en los actos religiosos cantando a cuatro voces textos en alemán extraídos principalmente de la Biblia.

4. La familia de Johann Sebastian era seguidora de Lutero y por tanto partidaria de la Reforma Protestante. Esta reforma de la Iglesia alemana la había iniciado Lutero a principios del siglo XVI y supuso la independencia respecto de la Iglesia católica y de la obediencia al Papa. No hay que olvidar que, en aquella época, religión y política estaban muy ligadas entre sí y se dieron importantes abusos de poder tanto en el orden civil como en el eclesiástico. Desde entonces y por primera vez en la historia, la fe cristiana se iba a ver dividida en varias confesiones o credos diferentes al católico. Alemania, como después Suiza y más tarde Inglaterra, seguirían teniendo la misma religión que el resto de Europa, la religión cristiana, pero con algunas creencias distintas a la Iglesia católica.

en los que nació, ya que, a finales del siglo XVII, Alemania no era como la conocemos hoy.

Por aquel entonces, el país estaba formado por un conjunto de pequeñas ciudades-estado que se habían ido fragmentando a lo largo de la historia tras la división del antiguo Sacro Imperio Romano Germánico fundado por Carlomagno en la Navidad del año 800. Así, numerosos ducados, condados, marquesados, principados y otras divisiones administrativas componían un mosaico de hasta trescientos cincuenta pequeños estados de variable extensión y diverso régimen. Todos tenían en común la lengua —el alemán— y la religión —cristiana— aunque ésta se hallara también dividida en diferentes confesiones: católica, luterana o evangélica, según la voluntad del príncipe o señor que gobernara cada territorio.

En el aspecto musical, Martín Lutero había enseñado que este arte era lo más importante después de la teología —él mismo fue compositor y flautista—; de modo que se potenció enormemente la enseñanza de la música no sólo en el ámbito de la corte, sino también en las escuelas y entre los fieles que acudían a rezar los oficios en la iglesia.[5]

Debido a estas circunstancias, era frecuente que los músicos de aquella época buscaran plaza de director de orquesta en alguna corte alemana, o bien de organista y cantor en alguna iglesia. Ambos cargos los ocuparía Bach a lo largo de su vida, pero lo que más le influiría de la Alemania de su tiempo fue el ambiente religioso que se vivía

---

5. En este sentido, la ventaja era que el pueblo podía participar en la liturgia a través de los cánticos en su propia lengua, a diferencia de lo que ocurría en la Iglesia católica, que seguía empleando el latín como su lengua oficial.

entonces y la particular situación política del país. Ambas cosas le obligaron, en muchos momentos, a someterse a la autoridad de algunos señores déspotas, príncipes terratenientes y rectores de iglesias que no llegaron nunca a comprender su arte.[6]

Los primeros años en la casa paterna fueron de una infancia tranquila y alegre. Johann Ambrose, que era flautista municipal en el Ayuntamiento de Erfurt, enseñó a sus hijos los primeros acordes y las primeras lecciones de música.

—A ver, hijos, ¿cómo se representa la altura de los sonidos?

Entonces contestaban los tres rápidamente:

—Mediante notas musicales.

—¿Y qué nombres reciben las notas musicales?

—Do, re, mi, fa, sol...

—¿Y cuáles son las figuras musicales?

Volvían a responder los tres rápidamente, atropellándose uno a otro:

—Redonda, blanca, negra, corchea, semicorchea, fusa, semifusa...

—Muy, muy bien, y ¿quién de vosotros me dice qué es un compás?

—Un compás es una unidad de medida en música —respondía Christoph, que era el mayor y el que más sabía.

---

6. Efectivamente la vida de Bach se caracterizó por una marcada religiosidad personal, pero también veremos cómo la situación política del país le supuso en ocasiones importantes problemas que se acentuaron por sus propias circunstancias personales, ya que, al ser padre de una numerosa familia, se vio obligado en diversas ocasiones a viajar de estado en estado para buscar un empleo que le permitiera obtener mayores ingresos para atender a las necesidades de su familia y desarrollar con dignidad su trabajo.

—Bien, hijo. Ahora, escuchad todos estas escalas... ¿quién me dice cómo están construidas?

—En sol mayor... —volvía a responder Christoph.

—¿Y de cuántas notas se compone este acorde?

Se quedaban pensativos y, al final, respondía Johann Jacob:

—¡Son cuatro notas!

—No, hijo, son tres notas. Seguramente habrás querido decir tres notas, ¿verdad? Es el acorde tríada. ¿A que sí recuerdas en cambio cómo se mide la intensidad del sonido en música?

—Sí, padre, *piano* para indicar una intensidad suave, *pianissimo*, más suave, *mezzoforte*, un poco fuerte, pero no mucho. *Forte*, más fuerte que el de antes y *fortissimo*, muy fuerte.

—Muy bien, Jacob. Fijaos qué importancia han tenido los italianos en la historia de la música que incluso nos han legado sus propios términos en italiano para designar algunos elementos básicos del lenguaje musical. Ahora, otra pregunta, a ver quién es capaz de interpretar esta melodía al clavicordio.

Entonces, como ninguno se atrevía, lo hacía el mismo Johann Ambrose mientras iba indicando a sus hijos:

—Mirad, se trata simplemente de poner el dedo conveniente en la nota apropiada y en el momento preciso...

—Pero, padre, esto es muy difícil.

—No, hijo, no hay cosas difíciles, es cuestión de práctica. Ya verás, inténtalo de nuevo colocando la mano así y los brazos un poco más arqueados. Muy bien, ¿ves? Ahora suena mejor.

Los chicos crecían jugando entre las patas del clavicordio y del clavecín, entre las cuerdas del violín, la flauta y otros pocos instrumentos que componían la sencilla colección del señor Bach. Ése era el ambiente que se respiraba en la familia. Sebastian, como el resto de sus hermanos, empezó a ser músico incluso antes de saber qué era la música. Los Bach enseñaban música a sus descendientes con la misma naturalidad con que les enseñaban a caminar, asearse, comer o ir a la escuela. Y así fue cómo, poco a poco, día a día, él mismo fue adentrándose en los secretos de este arte de los sonidos hasta llegar a ser uno de los más grandes compositores de todos los tiempos.

Transcurrían felices esos primeros años de infancia. Entre los bosques de Turingia, las clases en la escuela de gramática y las fiestas populares de Eisenach parecía que Sebastian iba a tener una vida similar a la de los chicos de su edad cuando, empezando el año 1694, se enfrentó por primera vez a algo que le acompañaría en diversos momentos de su vida, la pérdida de sus seres más queridos.

Una noche, Johann Ambrose llamó al médico para que atendiera a su esposa con urgencia. Al salir de la habitación, el médico se dirigió a él:

—Señor Bach, su mujer está muy grave. No creo que soporte por más tiempo estas fiebres.

—Pero, doctor, tiene que haber alguna solución.

—Ya lo estamos intentando, pero su esposa está muy delicada y no responde satisfactoriamente a nuestros remedios.

—Papá, ¿podemos entrar a ver a mamá?

—Sí, hijos, dad un beso a vuestra madre.

A los pocos días, fallecía la señora Bach mientras el pequeño Sebastian se abrazaba a su padre llorando sin consuelo.

—Hijo, no llores. Mamá nos mira ahora desde el cielo y nos está pidiendo que seamos fuertes. Ella se ha ido antes a prepararnos un lugar mejor.

—Pero, padre, ¿cuándo volverá?

—No volverá, Sebastian. Iremos nosotros, algún día, con ella. Volveremos a estar juntos alguna vez.

El pequeño músico se quedó un poco más tranquilo por el momento. Pero no había transcurrido todavía un año cuando fue el propio Johann Ambrose el que también enfermó gravemente.

—Christoph, ¿cómo se encuentra papá?

—Entra a darle un beso de despedida. Los médicos han dicho que puede morir en cualquier momento.

Despacito y sin querer interrumpir el descanso de su padre, Sebastian se acercó a darle un beso.

—Ven aquí, hijo mío, no llores. Verás como todo irá bien aunque tardemos algún tiempo en volvernos a ver. Tus hermanos cuidarán de ti. No sufras. Tú también llegarás a ser un gran músico y tu madre y yo, desde el cielo, te aplaudiremos y estaremos muy orgullosos de ti.

Así fue como, en poco más de trece meses y con tan sólo diez años, Sebastian quedó huérfano de padre y de madre y se vio obligado a trasladarse a vivir con Cristoph, su hermano mayor, que era organista en la iglesia de Ohrdruf. Allí proseguiría su formación musical y sus clases en el liceo.

Los años de adolescencia

Ohrdruf se encontraba a unos sesenta kilómetros de Eisenach. Era también una ciudad pequeña, alegre y dinámica, así que Sebastian no notó excesivamente el cambio
en los modos de vida.

Al poco de llegar, fue matriculado por su hermano
en el liceo de la ciudad e inscrito en la iglesia de San
Miguel para recibir clases de música y las primeras lecciones de órgano. Sebastian tenía entonces once años y,
a pesar de su corta edad, empezaba a destacar ya por
sus cualidades y por su tesón en estudiar y tocar toda la
música que cayera en sus manos.

Un día, a la salida del colegio, el profesor le preguntó:

—Sebastian, ¿adónde se dirige tan apresurado? Espero que mañana traiga hechos sus deberes.

—Sí, señor. Mañana traeré hechos mis deberes, descuide, pero ahora tengo que asistir a mis clases de órgano.

—Recuerde que la próxima semana es el examen de
grado y si no aprueba no pasará de curso.

—No se preocupe señor Bernard, haré los deberes y estudiaré para el examen.

—Así lo espero. Hasta mañana.

Sebastian no era mal estudiante, pero casi todas sus energías las dedicó desde el principio a lo único que realmente le interesó siempre: la música en todas sus manifestaciones y expresiones posibles.

Seguía estudiando y aprendiendo. Todas las tardes se sentaba en el órgano de la iglesia de San Miguel, junto a su maestro, que tenía que ponerle unos cojines para que llegara bien al teclado. Enfilado en el borde del asiento, estiraba lo más que podía las piernas para llegar a los pedales del órgano y, aunque no conseguía pisar con la fuerza que era preciso, su maestro le animaba y se sentía cada día más orgulloso de los esfuerzos y la constancia que ponía el muchacho.

—Sebastian, ¿recuerda qué le expliqué sobre la fuga?

—Sí, señor, es una forma de componer entrelazando varias líneas melódicas, o sea, varias voces diferentes.

—Exacto, la fuga es una estructura musical muy antigua, recuerde. Lo primero que se oye es el *sujeto* o melodía. Este *sujeto* siempre aparece al principio sin ningún acompañamiento.

El muchacho, totalmente concentrado en la explicación de su maestro, le interrumpió diciendo:

—Y enseguida aparece otra voz que le acompaña...

—Cierto, ¿y recuerda qué nombre recibe esa voz?

—*Contrasujeto* o *respuesta*, señor.

—Muy bien, Sebastian, éstos son los elementos básicos de una fuga, pero recuerde que una fuga puede llegar a tener hasta seis líneas melódicas o voces distintas. Más de seis ya no es frecuente.

De este modo, el maestro iba sentando las bases de la enseñanza musical que el pequeño Bach supo aprovechar muy bien desde el principio. ¿Quién hubiera adivinado entonces que sería precisamente a través de esta forma de composición, el contrapunto,[7] como Bach quedaría inmortalizado entre los más grandes de la historia de la música? Faltaban aún muchos años hasta que escribiera *El arte de la fuga*, la obra en la que plasmó parte de esa grandeza.

Su maestro no podía adivinar entonces el futuro de Sebastian, pero sí entrevió en su joven discípulo a una persona con tanto talento como pasión por aprender y estudiar a costa de lo que fuera.

—Muy bien, muy bien, Sebastian; si sigue así, llegará lejos. No deje nunca de practicar y de estudiar.

—Maestro, ¿cuándo podré acompañarle en los oficios de los domingos?

—Pronto, Sebastian, quizá el curso próximo. De momento estudie estas piezas para mañana y demos tiempo al tiempo. Todavía es muy joven y tiene mucho camino que recorrer.

—Pero, señor, si ya puedo acompañarle tocando algunos acordes sencillos.

---

7. El contrapunto designa una forma de composición polifónica caracterizada por el arte de componer a varias voces o varias líneas melódicas entrelazadas entre sí. Es una palabra que procede del latín, de *punctus contrapuntus*, es decir, «nota contra nota». El canon y la fuga son dos de las expresiones más destacadas del arte contrapuntístico que Bach llegó a dominar como nadie. Sus obras maestras en este sentido fueron *El arte de la fuga* y *El clave bien temperado*.

—Calma, Sebastian; practique cada día y tenga calma.

Pedirle calma en el estudio de la música a Bach era pedirle algo imposible. No había cumplido todavía los catorce años y ya pretendía tocar todo tipo de música.

Por aquel entonces tuvo que enfrentarse a los primeros obstáculos e incomprensiones que se iban a repetir en muchos momentos de su vida. Llevaba dos años viviendo en casa de su hermano cuando tuvo lugar un suceso bastante desagradable. Christoph había sido alumno de Pachelbel y era muy buen organista. Había enseñado a su hermano las primeras lecciones para tocar instrumentos de teclado, pero era muy celoso de su tiempo y de sus cosas y no podía soportar que el joven Sebastian le importunara tanto con sus clases y con la urgencia por aprender todo enseguida. Christoph tenía una colección de piezas célebres de música que se negaba rotundamente a mostrar a su hermano.

—Sebastian, tú no tienes que tocar esto. Eres muy pequeño todavía y estas partituras me han costado mucho dinero. Si se perdieran o se estropearan me llevaría un gran disgusto.

—Pero, Christoph, si sólo quiero estudiar un poco.

—¡He dicho que no! Y como eres muy terco las voy a guardar bajo llave.

Efectivamente, la colección acabó guardada en un armario enorme tras una reja y bajo llave. Sebastian, que ciertamente era muy tozudo, no cejó en su empeño y, noche tras noche, a la luz de la luna, se deslizaba de puntillas hasta el armario, se empinaba en una silla y, con sus pequeñas manos, iba enrollando despacito y con cuidado cada uno de los pliegos que componían la colección, los sacaba, los desenrollaba de nuevo y, finalmente, copiaba una a una todas las piezas de la colección de música de su hermano, compuesta principalmente por obras de Froberger, Kerll y Pachelbel. Después, los volvía a colocar en su sitio y así cada día, hasta que acabó de copiar aquella famosa colección de obras.

A raíz de ese esfuerzo perdió algo de vista y, aunque no tuvo mayor trascendencia por el momento, en los últimos años de su vida sí contribuiría a agravar mucho su problema de falta de visión, hasta quedar totalmente ciego.

Cuando por fin terminó de transcribir esas obras se encerró rápidamente a estudiarlas; sin embargo, cierto día, fue descubierto por su hermano:

—¡Sebastian! ¿Qué haces? ¿Qué estás tocando?

—Son las obras de tu colección, pero las he copiado, no sufras, no son los originales.

—¡Trae ahora mismo esas copias! ¡Te dije que no cogieras mis partituras!

—¡Christoph, por favor!

Ahí terminó la discusión y el estudio de esas obras. No había explicado a nadie este episodio de su vida hasta que, años después, tras la muerte de su hermano, volvió a encontrarse con sus copias y relató el suceso a su segunda esposa sin el menor rencor ni resentimiento.

—Ya ves, Magdalena, Christoph no me dejó estudiar esas primeras obras y ahora me encuentro con estos cuadernos que con tanto esfuerzo tuve que copiar durante muchas noches. Ni siquiera podía utilizar la vela de mi habitación para no ocasionar ninguna sospecha ni trastornos a mi hermano y que no se enfadara conmigo. Él se enfadó de todos modos.[8]

En parte por esas tensiones con su hermano, en parte también por su deseo de aprender más, Bach intensificó sus viajes a Luneburgo, ciudad vecina de Ohrdruf, donde acabó instalándose con tan sólo quince años y donde obtendría el grado superior de escolaridad que había iniciado en la escuela de gramática de Eisenach.

El director de la escuela latina del convento de San Miguel de Luneburgo le recibió en su despacho.

—Bienvenido a nuestra escuela, señor Bach.

—Gracias, señor.

—Conocemos su gran interés por estudiar música y avanzar en las clases de órgano. El maestro de capilla de la iglesia de Ohrdruf nos ha dado buenas referencias de usted y nos consta que necesita alojamiento y comida.

—Sí, señor. He buscado trabajo en la ciudad, pero tan sólo he conseguido que me acepten como cantor del coro de la iglesia de San Miguel y ese sueldo no me permite pagar la estancia y los estudios.

—Conocemos su situación, señor Bach, por eso hemos determinado otorgarle una beca con derecho a comida, alojamiento y leña para todo el invierno. Espero le sea grata y provechosa su estancia en nuestra ciudad.

---

8. *Cfr. Die kleine Chronik der Anna Magdalena Bach* (*La pequeña crónica de Anna Magdalena Bach*). Aunque la autoría material de esta obra no se sabe ciertamente a quién perteneció, todos los biógrafos de Bach coinciden en admitir que se trata de un manuscrito de excepción para conocer los aspectos más humanos y cotidianos de su vida. Su segunda esposa inspiró esta obra que recoge numerosas anécdotas desde su juventud hasta su muerte y ha servido en muchos momentos a nuestra narración para comprender mejor la trayectoria del gran músico.

—Yo también lo deseo. Gracias, señor.

Así empezó una nueva etapa en la vida de Bach. Por fin tenía un poco de independencia y mejores posibilidades de seguir aprendiendo. Efectivamente, gracias a su hermosa voz de soprano pudo entrar a formar parte del coro de la iglesia y conseguir sus primeros táleros.[9]

Las clases en la escuela latina del convento de San Miguel de Luneburgo seguían una metodología similar a las de las escuelas protestantes alemanas de la época: insistían mucho en la enseñanza de la música y de la religión como ejes centrales de la formación de sus alumnos. Las clases de canto, la práctica de algún instrumento musical y el estudio de la fe luterana se convertían en la base de toda la enseñanza elemental.

El ambiente de compañerismo en la escuela no era, en cambio, el más idóneo para desarrollar los estudios. Los estudiantes becarios eran los más pobres y estaban bien diferenciados de los que componían los dos grupos más favorecidos. Estos grupos estaban formados por hijos de burgueses que podían pagar sus estudios y tenían derecho a formar parte del coro sinfónico de la escuela, y por chicos procedentes de la nobleza que, a su vez, integraban la llamada «academia de caballeros». En una segunda categoría, se encontraban los alumnos becados que, además de seguir sus clases, debían servir y ayudar en sus tareas a los hijos de los burgueses y a los chicos de la «academia de caballeros».

Sebastian, para entonces, ya se había empezado a acostumbrar a salir adelante a pesar de todas las dificulta-

---

9. Antigua moneda alemana de plata.

des que tuviera alrededor y se centró sólo en lo único que realmente le importaba: el estudio de la música; de todo tipo de música que pudiera conocer y que pudiera tocar. Ya en aquella época empezaba a destacar en el manejo del violín y del clavicordio, pero a él le interesaba, sobre todo, mejorar su dominio del órgano.

En cierta ocasión, como sus profesores conocían su afán por aprender y entrar en contacto con músicos famosos de la época, le concedieron la oportunidad de viajar hasta Celle para asistir a los ensayos de la orquesta francesa que debía interpretar en esa ciudad.

—Sebastian Bach, ¿le gustaría asistir al ensayo de la orquesta el próximo martes? Tengo una invitación y había pensado que quizá la podría aprovechar usted —quien se lo proponía era nada menos que Thomas de la Selle, un conocido profesor de danza de origen francés que daba clases en la Escuela de San Miguel.

—¡Sí, señor! Gracias, lo estoy deseando.

—Recuerde que el viaje es largo para hacerlo a pie. A su regreso me explicará qué le ha llamado más la atención.

Esos desplazamientos a pie a lo largo y ancho de Alemania no fueron jamás obstáculo para Sebastian. Él no tenía dinero para trasladarse en carruaje y llegó a recorrer kilómetros y kilómetros de distancia para conocer a otros músicos, asistir a conciertos, probar nuevos órganos y mejorar, en definitiva, su propia formación. En esta ocasión Sebastian tuvo que emplear cuatro días de ida y cuatro de vuelta para asistir a esos ensayos. Cuando regresó buscó corriendo a su profesor:

—Maestro De la Selle, ya he regresado de la ciudad. Ha sido una gran experiencia. Le agradezco mucho su invitación.

—Cuénteme, ¿qué es lo que más le ha impresionado?

—Todo, señor. Escuchar a otros músicos. Conocer el estilo francés. Me fijaba en cada uno de los movimientos del concierto, cómo se dividían las voces, se repetían una y otra vez las piezas, cada parte. Me gustaba especialmente el acompañamiento del coro al clave. Todo el conjunto final. Ha sido una maravilla. ¿Podré repetir?

—Claro, Sebastian, en otra ocasión. Tendrá más oportunidades como ésta y otras nuevas.

Y así fue, efectivamente. A sus primeros viajes a Celle siguieron otros a Eisenach, su ciudad natal, a Ohrdruf y, posteriormente, a Hamburgo.

Cuánto impresionó esa ciudad al joven Bach. Hamburgo era en aquella época la ciudad musical por excelencia de la Alemania del norte. Allí se daban cita las influencias de la música italiana, francesa y holandesa. Era una ciudad abierta y dinámica, con escuelas, universidades, corporaciones de navieros, comerciantes, agentes de negocios de diferentes países del mundo, viajeros que intercambiaban productos importados de las colonias, agrupaciones gremiales... Todo un universo en movimiento que, desde el primer instante, le fascinó.

Corría el mes de marzo de 1703 y Bach ya empezaba a ser conocido entre los ambientes musicales de las ciudades de Luneburgo, Eisenach y Ohrdruf. Tenía entonces dieciocho años y se dispuso a buscar una plaza de músico para desarrollar mejor lo que había aprendido y conseguir mayores posibilidades de promoción e ingresos. Pensó en dirigirse a la corte del duque Johann-Ernst de Sajonia-Weimar, en donde tenía un primo lejano que también había trabajado como músico. De este modo, solicitó una audiencia con el duque:

—Señor duque, he sabido por mis maestros que busca una persona para ocupar la plaza de violinista en su corte.

—Así es, y también me han comunicado que usted estaba interesado en esa plaza.

—Sí, señor, desearía compaginar mis estudios de órgano con el trabajo de músico.

—De acuerdo, señor Bach, queda citado para el próximo viernes a las cinco de la tarde en mi salón de baile para interpretar alguna de sus piezas favoritas y comprobar así, antes de otorgarle el nombramiento, la buena fama de la que hacen gala sus maestros.

A los pocos días, Bach conseguía la plaza de violinista en la corte del duque sin mayor dificultad. Esa plaza, sin embargo, le situaba en un rango muy inferior al que realmente le correspondía por su talento. Era considerado como músico lacayo,[10] es decir, una clase de sirviente de los muchos que residían entonces en la corte.

A pesar de eso y del poco tiempo que permanecería en ese empleo, Bach supo aprovechar bien su estancia en Weimar. Lo que más le interesaba era empezar cuanto antes a ejercer como músico, conseguir unos ingresos que le dieran más independencia económica y establecer sus

---

10. En aquella época de fuerte división social, los lacayos eran los criados de librea, es decir, de servidumbre. Iban vestidos con un traje especial para distinguirlos de sus amos y percibían un escaso sueldo por su trabajo.

primeros contactos con otros intérpretes famosos. Entonces sucedió algo que precipitaría aún más los acontecimientos.

A primeros de agosto de ese mismo año, supo que se habían terminado las obras de reconstrucción del órgano de la nueva iglesia de Arnstadt y se apresuró a hablar con su maestro de coro para darle a conocer sus deseos de obtener una plaza de organista.

—*Mettenchor*,[11] quisiera pedirle algo.

—Usted dirá, señor Bach.

—He sabido que han terminado las obras de reconstrucción del órgano en la nueva iglesia de Arnstadt y que la plaza de organista está vacante... Estaba pensando en la posibilidad de solicitarla.

—¿Le gustaría de veras? ¿Acaso me está pidiendo que le recomiende?

—Sí, señor. Quisiera optar a ese puesto. Aunque la corte ofrece buenas posibilidades, pienso que puedo aprender más como organista.

—Lo que usted prefiera. Desde luego cualidades no le faltan, pero usted ya sabe que el Consistorio[12] de esa ciudad es muy estricto con sus maestros de coro y con sus organistas. Además le exigirán que sea muy recto en el cumplimiento de sus deberes y que respete al máximo las normas de la liturgia de la iglesia.

---

11. Maestro de coro.

12. El Consistorio era una importante institución civil que servía para ayudar a los reyes y príncipes de la época en el gobierno de la ciudad.

—Lo sé, señor.

—Pues si está de acuerdo con ello, yo no tengo ningún inconveniente en recomendarle.

Así, tras unos breves trámites de presentación y tras la prueba de audición que tuvo que realizar ante los miembros del Consistorio de la ciudad, a mediados de ese mes de· agosto de 1703, Bach conseguía su primera plaza de organista con una asignación de ochenta y cuatro florines[13] anuales, que por aquel entonces y para su corta edad —tenía sólo dieciocho años— suponían un buen sueldo. En el discurso de investidura quedaron claras cuáles serían sus futuras obligaciones:

—Johann Sebastian Bach, por este acto queda investido organista de la nueva iglesia de Arnstadt y le instamos a que siga viviendo como un honrado siervo de Dios y de sus superiores. Sus obligaciones consistirán en tocar todos los oficios divinos de los jueves y de los domingos, acompañar musicalmente el oficio del lunes y dirigir los ensayos del coro.

¡Por fin un órgano! ¡Cuánto deseó ser nombrado organista y poder disponer así de ese instrumento para tocar y componer música! Al cabo de los años hablaría de ese primer órgano de Arnstadt con un cariño extraordinario, casi como habla un padre de su primer hijo. Fue el primer órgano que, de algún modo, pudo considerar «suyo».

Los ensayos con el coro tenían un horario muy estricto, pero muchas veces él se quedaba tocando hasta el amanecer. En ocasiones convencía a un amigo suyo para

---

13. El florín era una moneda en curso de la época parecida al escudo español. Era de plata y tenía un valor equivalente al del tálero.

que le diera al fuelle y produjera el aire que necesitaba para tocar el órgano:[14]

—Vamos, Victor, esta noche podemos vernos para tocar el órgano después de cenar, aunque sólo sea un par de horas...

—Pero, Sebastian, si nunca acabas antes de las cinco de la madrugada.

—Sí, pero sin tu ayuda no puedo tocar.

—Está bien. Te acompañaré.

Y así una noche más, con su amigo, desplegaba las notas y los acordes por el teclado del órgano, combinaba registros y gobernaba el doble pedal con la misma facilidad con que ejecutaba una escala con una mano. Podía sujetar una tecla con el dedo pulgar y otra con el meñique y, al mismo tiempo, tocar cualquier cosa con los dedos restantes como si tuviese la mano completamente libre.

Para Bach el órgano no era un instrumento, sino el instrumento por excelencia.[15] La multiplicidad de sus timbres, desde los tonos más altos del sonido de la dulzaina a otros más bajos como la chirimía; la diversidad de sus voces, que se podían combinar sin confundir, gobernando los distintos registros, los diferentes teclados; la variedad de los tubos en sus diversas formas y tamaños y tanta potencia combinada con tanta dulzura le hacían

---

14. No podemos olvidar que, en aquella época, los órganos no funcionaban con compresores como en la actualidad, y se necesitaba la ayuda de una o dos personas para que le dieran al fuelle y así producir el aire que debía circular por los diferentes tubos.

15. Klaus Eidam, *La verdadera vida de J. S. Bach*, ed. Siglo XXI. Madrid, 1999, p. 24.

sentirse como el mayor director de orquesta y maestro de coro de toda Alemania, eso sí, sin orquesta ni coro.

Si la música es el arte de combinar los sonidos, Bach conseguía a través de este instrumento las mayores posibilidades de expresión artística.

Ya por aquel entonces empezaba a destacar por su técnica y su dominio del órgano. Su modo de emplear el pulgar se hizo revolucionario en su época. Lo desplazaba por debajo de la mano mientras seguía moviendo el resto de los dedos con la misma agilidad y destreza.

La perfecta ejecución de notas y acordes dejarán entrever, ya en la época de Arnstadt, su gran genialidad como maestro del contrapunto y de la armonía.[16]

---

16. Arte de la formación y encadenamiento de los acordes.

Viaje a Lübeck

Día tras día, enseñaba, componía y tocaba el órgano, el clavicordio, la viola o cualquier otro instrumento. Además, cuando le quedaba tiempo, leía los libros que había ido coleccionando poco a poco. Sobre todo le interesaban las obras sobre música y sobre teología, y fue entonces cuando tuvo ocasión de conocer a fondo las publicaciones de Lutero y de meditar la Biblia.

En 1704 compuso una pequeña pieza musical para su hermano Jacob, que había conseguido una plaza de flautista en Suecia. Unos meses antes y por motivos de trabajo, Jacob tuvo que trasladarse a vivir durante un tiempo a Constantinopla, pero antes de marchar definitivamente a Suecia, Bach le dedicó su pequeña obra *Sobre la partida del hermano muy querido,* que sería una de las primeras composiciones genuinas del maestro que ha llegado hasta nuestros días.

Seguía enfrascado en su trabajo de organista cuando sucedió algo que marcó otro hito importante en la carrera artística del joven músico. Entre 1705 y 1706, Buxtehude ofrecía una serie de conciertos nocturnos en Lübeck.

Sebastian se apresuró a pedir una licencia de un mes para poder asistir a alguno de ellos. El Consistorio de la ciudad aceptó otorgarle la licencia y nombró a un suplente para ocupar la plaza de organista mientras él se encontrara ausente.

Así fue como Sebastian se trasladó a Lübeck y recorrió hasta 350 kilómetros a pie. Una vez allí, se entusiasmó tanto con el ambiente, con la oportunidad de intercambiar conocimientos, influencias, de estudiar y, en definitiva, de perfeccionar su arte, que demoró hasta cuatro meses su regreso a Arnstadt. Cuando por fin volvió a la ciudad, sus superiores no le esperaban precisamente con muy buena cara:

—Maestro Bach, solicitó licencia de cuatro semanas y ha estado ausente cuatro veces cuatro semanas. ¿Podría explicarnos el motivo de su retraso?

—Pedí licencia para ir a Lübeck a perfeccionarme en mi arte y aprender más música y el Consistorio me dio su autorización.

—¡El Consistorio le autorizó a llevar a cabo eso mismo en cuatro semanas!

El ambiente era tenso y Sebastian no entendía que tuviera que justificar nada más cuando los motivos de su viaje habían sido estrictamente profesionales y para beneficio de todos, así que, con la silenciosa obstinación que caracterizó siempre a los Bach, se limitó a contestar:

—Estoy seguro de que mi sustituto habrá sabido suplirme a la perfección en el puesto de organista y habrá tocado el órgano a la satisfacción de los feligreses; por tanto, no veo mayor motivo de queja.

Los miembros del Consistorio se quedaron un poco asombrados de la respuesta y le siguieron atacando por otros bandos:

—Maestro Bach, últimamente está introduciendo variaciones en los corales y en su acompañamiento, y consigue que los feligreses se desconcierten y no puedan seguirle. A veces toca el doble de lo que es costumbre o preludios[17] excesivamente largos o excesivamente cortos. ¡Está cambiando nuestras reglas y nuestra liturgia!

Bach escuchó la retahíla de quejas y reproches —la mitad provocada por envidia y recelos—, y se limitó a permanecer callado aguantando las amonestaciones de sus superiores, que no entendieron nunca la sensibilidad de su organista ni la grandeza de su música.

Ese enfrentamiento acabó ahí, pero ¡cuántas molestias e intranquilidades tuvo que soportar mientras dirigió el coro de la iglesia de Arnstadt! En otra ocasión sufrió un contratiempo aún mayor que acabó por colmarle la paciencia.

Algunos miembros del coro eran chicos becados por el Consistorio de la ciudad, y no todos tenían buena disposición hacia la música, y a algunos no les interesaba lo más mínimo aprender a cantar. Cierto día, en uno de los ensayos acabó enfrentándose con uno de esos chicos y le llamó «animal» porque se resistía a entonar con la sensibilidad y el esfuerzo que requería la melodía. El chico, enfadado, le esperó en la calle con una estaca para pegarle. Al

---

17. En la música barroca, el preludio era una pieza destinada a ser tocada como introducción a una fuga o a un coral.

verlo, Bach desenvainó su espada y, si no llega a ser por un transeúnte que pasaba por allí en ese momento, seguramente habría ocurrido una grave desgracia.

Todo ello hizo que cada vez tuviera mayor fama de hombre obstinado y se hiciera más ingrato su trabajo en Arnstadt. En cierta ocasión, recordando este incidente, llegó a confesar a su segunda esposa:

—Tú sabes, Magdalena, cómo me hace sufrir mi obstinación y mi rigidez, pero los que, como yo, llevamos la música en el alma tenemos que pagarlo andando por el mundo con una capa menos de piel que el resto de los hombres.[18]

Es cierto que Bach tuvo un carácter fuerte ya desde muy joven. Él podía ser paciente, e incluso hacer alguna broma en circunstancias relajadas o entre amigos, pero con la música no permitía las bromas. Cuando trabajaba o estudiaba, su pasión y su impulso vital eran radicales. Se exigía mucho a sí mismo y exigía por igual a sus discípulos. Le molestaba especialmente la negligencia, el desorden o las faltas de interés y de sensibilidad hacia lo que él consideraba una de las expresiones más sublimes del arte, como así le gustaba caracterizar a la música.[19]

A pesar de todo, Bach seguía ensayando, copiando música y aprendiendo, pero a los pocos meses del triste episodio vivido con el alumno indolente sucedió otro aún más penoso.

---

18. *Die kleine Chronik der Anna Magdalena Bach.*

19. Klaus Eidam, *La verdadera vida de J. S. Bach*, p. 37.

En la misma ciudad vivía su prima Maria Barbara, quien, como todos los Bach, también sabía música. A Sebastian le entusiasmaba y le parecía normal invitar a su prima al coro para que ella cantase mientras él ensayaba al órgano. El Consejo[20] de la ciudad, sin embargo, se oponía a ello:

—Señor Bach, sabe de sobras que las mujeres no pueden formar parte del coro.

—Pero, señores, María Bárbara no forma parte del coro. Tan sólo me acompaña esporádicamente en mis ensayos y me ayuda a inspirarme en los arreglos y composición de algunos corales y cantatas.[21]

—Pero no debe subir al coro... —insistían tercamente.

Y era verdad. En aquella época los coros de las iglesias estaban formados sólo por varones, es decir, niños o chicos de corta edad que conformaban las distintas voces que se requerían para cantar. Los chicos que todavía no habían cambiado la voz cantaban como sopranos y contraltos, mientras que los que ya la habían cambiado, lo hacían como tenores o bajos.

Entre los feligreses sí existían voces femeninas y masculinas que acompañaban al coro, pero las mujeres no

20. El Consejo era la institución encargada de gobernar los asuntos religiosos y eclesiásticos de la ciudad. Junto con el Consistorio, eran las dos instituciones de gobierno más importantes de la época.

21. La cantata es una pieza musical que, como su nombre indica, está pensada para ser cantada. La composición puede estar escrita a partir de un texto religioso o también profano, para uno o más solistas que pueden acompañarse por un coro, aunque no necesariamente, además del acompañamiento instrumental. Bach fue el maestro por excelencia de este tipo de composición. Escribió más de 300 cantatas, aunque alrededor de unas 100 se han perdido.

podían formar parte de esos coros de iglesia, ya fueran de liturgia protestante o católica.[22]

Cuando sucedió esto, Bach estaba ya comprometido para contraer matrimonio con su prima, pero, una vez más, tuvo que guardar silencio ante quienes le habían contratado para ejercer sus funciones de organista.

Efectivamente guardó silencio, pero al día siguiente de este nuevo incidente, empezó a buscar plaza en un lugar más tranquilo y relajado que el ambiente de la nueva iglesia de Arnstadt.

---

22. Tendrían que transcurrir aún dos siglos hasta que se permitiera incluir voces femeninas en los coros de las iglesias.

Mühlhausen, 1707

Tras una serie de viajes a Mühlhausen para asistir a diferentes conciertos y peritar[23] algunos órganos, el catorce de septiembre de 1707, acabó solicitando la plaza de organista en la iglesia de San Blas de esa ciudad.

—Señor Ludwig, tal y como le comuniqué en mi última carta, desearía trasladarme a esta ciudad y trabajar como organista de la iglesia de San Blas.

—Lo sé, señor. Los otros miembros del Concejo Municipal han estudiado su solicitud y ya que la plaza está vacante, no vemos inconveniente en que sea ocupada por usted. Sin embargo, desearíamos conocer los motivos de su petición de traslado.

—En Arnstadt he tenido algunos obstáculos para desarrollar mi trabajo como creía oportuno y preferiría no

---

23. Bach era un verdadero experto en el peritaje de órganos. La peritación de un órgano consistía en probar sus registros, sus tubos, el teclado, etc. Él tenía una afinación tan aguda y era tan exigente que le llamaban de numerosas iglesias cuando tenían que instalar un órgano nuevo o comprobar si la reparación y el mantenimiento del órgano eran los adecuados. Esta actividad le permitió visitar muchas iglesias y probar numerosos órganos de toda la Alemania central.

seguir bajo las órdenes de los miembros del Consistorio de esa ciudad.

—Lo comprendemos. Quizá aquí encuentre más libertad para desarrollar su trabajo. Si está conforme, queda citado para el próximo veinte de septiembre, día en que tendrá lugar la prueba de órgano ante los representantes del Concejo y se procederá al nombramiento de organista.

—Gracias, señor, allí estaré.

Ciertamente, el ambiente de Mühlhausen era muy distinto al de Arnstadt. Mühlhausen era una ciudad imperial libre; es decir, no estaba sometida a la autoridad despótica de príncipes, ni de terratenientes, ni de la nobleza señorial. Por el contrario, estaba gobernada por un Concejo Municipal compuesto en su mayoría por comerciantes y burgueses que se preocupaban, sobre todo, de recuperar la importancia que había tenido esta ciudad antes del estallido de la Guerra de los Treinta Años.

En Mühlhausen, Bach no se encontraba sometido a las órdenes de las autoridades religiosas de un condado imperial, ni a las arbitrariedades caprichosas de los príncipes terratenientes. Aquí era empleado del ayuntamiento y gozaba de mucha más libertad de la que había conocido hasta entonces.

Para celebrar la toma de posesión de su nuevo cargo, Bach compuso una cantata que fue la única que llegó a ver impresa en los sesenta y cinco años de su vida. El Concejo Municipal, por deferencia con su nuevo organista, decidió grabar en cobre esa famosa cantata que luego Bach guardaría con tanto cariño.

El nombramiento de organista de la iglesia de San Blas suponía además el encargo de dirigir la Sociedad Musical de la ciudad. Bach se convertía así en una especie de director musical que debía decidir qué música se escucharía en los diferentes festejos y celebraciones, organizar conciertos, ordenar las clases de composición y práctica instrumental y disponer cómo se distribuirían los diferentes cánticos de corales y cantatas respetando, eso sí, las normas litúrgicas que imponía la iglesia. Tan sólo había un problema, su sueldo era escaso, sobre todo en proporción a la cantidad de trabajo que tenía y a las responsabilidades que debía asumir.

Bach se instaló en una casa céntrica, junto a la iglesia de San Blas y, cuando ya tuvo un poco organizadas las cosas, se casó con Maria Barbara. Era el diecisiete de octubre de 1707. Todo esto contribuyó a aliviar un poco las fuertes tensiones que había sufrido en Arnstadt durante sus últimos meses.

¡Por fin tranquilos! ¡Por fin la deseada independencia de espíritu tan necesaria, por otra parte, para la creación artística! No había nada que perturbara más al maestro que las incomprensiones o las intransigencias de los déspotas, ya procedieran de parte de señores de la nobleza o de rectores de iglesias. Bach creía que una de las cosas en las que peor se podía perder el tiempo era en discutir sobre simplezas y nimiedades; sin embargo, en este sentido, ¡cuánto le quedaba por sufrir aún!

Trabajó mucho y muy duro. Compuso hermosísimas cantatas como la de *Gott ist mein König* («Dios es mi rey») estrenada en 1708 en la iglesia de Santa María, y *Gotees*

Zeit ist die allerbeste Zeit («El tiempo de Dios es el mejor de todos los tiempos»). Éstas fueron dos de sus primeras grandes obras de música sagrada que vendrían ya marcadas por la melancolía del más allá y por su honda fe religiosa.[24]

Parecía que todo marchaba bien hasta que llegaron los primeros enfrentamientos con el superintendente y pastor principal de la iglesia de San Blas, el señor Frohne.

—Señor Bach, le agradecería que antes de seguir ensayando las cantatas para los próximos oficios del domingo, me enseñara el texto de las mismas.

—Disculpe, señor Frohne, pero no entiendo a qué se refiere. ¿Por qué quiere que le enseñe mis partituras?

—Es una cuestión de orden. Como usted sabe, no puedo permitir bajo ningún concepto que en mi iglesia se introduzca algún elemento extraño o ajeno a nuestra liturgia y nuestras normas.

—Pero, señor, yo no estoy alterando en absoluto esas normas. ¡Me niego a mostrarle mis partituras y mis composiciones!

—¡Señor Bach, le exijo inmediatamente que me enseñe esas composiciones si no quiere quedar suspendido en sus funciones como organista de esta iglesia!

La situación se puso tan tensa que Bach no tuvo más remedio que acceder a la petición de su superior, quien, finalmente, le dio el visto bueno para que siguiera ensayando y componiendo.

---

24. Antoine Goléa, «El creador», p. 124, en la obra colectiva *Johann Sebastian Bach* (pp. 117-153), Fabril Editora, Buenos Aires, 1962.

Era cierto, desde hacía tiempo venía existiendo en la ciudad una pugna grande entre dos tendencias muy enfrentadas de la Iglesia luterana: los luteranos ortodoxos y los pietistas o luteranos heterodoxos. Estos enfrentamientos religiosos se daban en toda Alemania principalmente entre pietistas, reformadores y católicos, pero en Mühlhausen estas disputas se habían radicalizado de tal manera que se hacía difícil el buen entendimiento entre las diferentes iglesias.

En el ambiente musical estas luchas tenían mucha importancia, puesto que, mientras los pietistas consideraban que la música era un elemento ajeno al culto, o sea, una intromisión que distraía a los fieles y les restaba fuerzas para su concentración, su sinceridad en las prácticas religiosas y en su fe íntegra, los luteranos ortodoxos defendían justamente lo contrario, es decir: la música no sólo no era una intromisión en el culto sino que era necesaria para la liturgia y ayudaba a los fieles a seguir los diferentes oficios religiosos.

El señor Frohne era de tendencia pietista y en más de una ocasión pretendió que Bach suprimiera toda expresión musical precisamente durante los oficios de los domingos. Mientras tanto, otros miembros del Concejo de la ciudad y algunos feligreses defendían que los cantos en la iglesia debían realizarse principalmente los domingos más que en ningún otro día de la semana.

El desacuerdo era radical. Bach, además, como era un luterano de estricta observancia, confería a la música un lugar principal en la liturgia y en la expresión de los sentimientos de la propia fe. Entre unos y otros se sentía profundamente decepcionado. A veces llegaba agotado y triste a casa y confesaba a su esposa:

—Maria Barbara, no sé en qué va a acabar todo esto. Los doctores y los teólogos discuten entre sí y parece que no quieren llegar a ningún acuerdo sensato. Se enfrentan por nimiedades: que si hay que suprimir estos corales, que debería suprimir estos preludios o esta fuga, que los fieles no deben cantar este fragmento en los oficios...

—Es verdad, Sebastian. El ambiente está muy enrarecido y esto es una dificultad grande no sólo para ti como organista, sino también para los feligreses que ya no saben a qué atenerse. ¿No tienes a nadie que te apoye y te ayude en tus discusiones contra el señor Frohne?

—Sí, claro, Christian Eilmar está de mi parte...

—Pero el señor Eilmar es pastor ortodoxo y Frohne no aceptará sus sugerencias.

—Frohne no acepta nada que él mismo no juzgue conveniente. Estas disputas me están haciendo sufrir mucho, y si esto se prolonga por más tiempo creo que empezaré a buscar plaza de organista en un nuevo lugar... ¿Sabes qué me reprochan? Que mi música es demasiado expresiva y directa... ¡que es casi teatral!

Y en parte era cierto. En aquel momento Bach tenía veintidós años, estaba en plena juventud y en plena potencia de facultades. Dominaba perfectamente el órgano y los principales instrumentos de la época: el violín, el clave, el piano, el címbalo y la flauta; sus composiciones eran insignes y tenían una fuerza expresiva difícil de contener; sus cantatas no se podían constreñir a normas excesivamente rígidas y menos aún anularlas como pretendían los pietistas.

Al joven músico le costaba mucho trabajo tener que mantener sus ideas ante tantas contradicciones e incomprensiones. Maria Barbara le consolaba como podía:

—Sebastian, no te apures, lo importante es que te encuentres cómodo para desarrollar tu talento y puedas llegar a todo lo que deseas, así que, si te parece adecuado, podemos buscar otra ciudad u otra corte donde te sientas más comprendido.

—Maria Barbara, sabes cuánto te agradezco que me apoyes en mi trabajo y me acompañes. Yo desearía no tener estos enfrentamientos, pero si las cosas no cambian me veré obligado a hablar con los miembros del Concejo.

—Estaré contigo en todo momento e iré donde tú vayas. Ahora descansa y piensa cómo puedes plantear el problema a los señores del Concejo.

—Algunos me apoyan y están de acuerdo conmigo en que estas discusiones no conducen a ningún sitio, pero el señor Frohne tiene mucho peso entre ellos y es el primero que no entiende mi música. En mi último ensayo llegó a exigirme que me limitara a tocar el órgano acompañando a los fieles, suprimiendo todos mis preludios y fugas.

—Ten paciencia, Sebastian, verás cómo las cosas acabarán cambiando y podrás desarrollar de nuevo tu música con la misma ilusión que tenías cuando llegaste a Mühlhausen.

A pesar de las palabras de ánimo de Maria Barbara, las cosas no sólo no cambiaron, sino que empeoraron aún más. De modo que, a las pocas semanas del último enfrentamiento con el señor Frohne, Bach se decidió a buscar plaza en otra ciudad.

Antes de hacerlo, sin embargo, realizó varias tentativas de buen entendimiento con los pastores de las principales iglesias de la ciudad y con el propio Concejo Municipal, pero no logró llegar a ningún acuerdo. Finalmente, viendo que esos intentos no conducían a ninguna parte, dirigió una carta de despedida al Concejo:

«Me he empeñado en perseguir un ideal: dirigir una música sacra para la gloria de Dios y el cumplimiento de sus deseos, y con mis propios medios me he esforzado en promoverla por todas partes. Pero he encontrado muchas dificultades y actualmente no tengo esperanzas de que esto mejore en el futuro. Además, humildemente debo comunicaros que mis medios son tan exiguos que tras pagar el alquiler de mi vivienda y otros gastos indispensables apenas tengo recursos para vivir.»[25]

Tras esa declaración de principios, Bach no se sintió obligado a permanecer por más tiempo en la ciudad y aceptó la plaza de organista que le ofreció, ese mismo verano de 1708, el duque de Sajonia-Weimar.

---

25. Cfr. *Die kleine Chronik der Anna Magdalena Bach.*

Encarcelamiento y traslado a Cöthen

A finales de julio de 1708, los Bach llegaban a la corte de Weimar. A Sebastian la ciudad le resultaba ya familiar por los meses que trabajó anteriormente bajo las órdenes del duque Johann-Ernst. Para Maria Barbara, en cambio, todo era nuevo. El ambiente cortesano, las fiestas palaciegas, los conciertos en honor del recién nombrado duque Wilhem-Ernst... Maria Barbara se encontraba además embarazada de su primer hijo. Por todo ello, el joven matrimonio estrenaba esta etapa de su vida con gran ilusión y esperanza.

A los pocos días de llegar, Sebastian se dirigía a su esposa:

—¿Cómo te encuentras aquí, Maria Barbara?

—Estoy bien, Sebastian, gracias. Cinco meses más y por fin tendremos con nosotros a nuestro querido hijo.

—Me siento tan feliz ahora, Maria. Presiento que estaremos bien en Weimar. El duque ha sido muy atento con nosotros y tiene gran interés por la música.

—¿Cómo fue tu anterior experiencia en Weimar?

—Yo era aún muy joven. Tenía sólo dieciocho años y en realidad se trataba de mi primer empleo serio como músico. Ocupaba la plaza de violinista, pero era considerado como un sirviente más. El anterior duque, Johann-Ernst, hermano del actual, fue también muy atento conmigo, pero entonces no tenía posibilidades de aspirar a ocupar cargos más destacados. Al fin y al cabo, fui contratado para cubrir esa plaza que había quedado vacante por defunción del anterior violinista.

—Sin embargo, ahora podrás trabajar como organista y como músico de cámara.

—Sí, Maria, ¡y como concertista! El duque me ha ofrecido nuevas e interesantes posibilidades, además de un aumento importante de sueldo que nos vendrá muy bien a los tres.

—Estoy de acuerdo. El hijo que esperamos lo agradecerá también.

—Tan sólo hay una cosa que me preocupa. Con este nombramiento vuelvo a someterme a la autoridad de un soberano y pierdo la condición de ciudadano libre que tenía en Mühlhausen. Espero que esto no sea obstáculo para desarrollar bien mi trabajo.

Eso estaba por ver. Efectivamente, el nuevo nombramiento situaba a Bach bajo el dominio directo del duque, el qual, aunque buen amante y conocedor del arte musical, se sentía ante todo terrateniente y señor de su corte y de todos los que vivían o dependían de ella. De cualquier modo, así empezaba la nueva etapa de Weimar en la que Bach alcanzaría su madurez como organista y como compositor, y en la que comenzarían a nacer y también morirían algunos de sus hijos.[26]

---

26. En aquella época la mortalidad infantil era muy elevada, y Bach tuvo que sufrirlo varias veces en su vida: de los veinte hijos que tuvo, le sobrevivieron trece.

El nombramiento de músico organista de la corte situaba a Bach en una posición intermedia respecto de los diferentes grupos de criados. Por ejemplo, sería considerado por encima de los cocheros o de los palafreneros,[27] pero por debajo del mayordomo o de los jardineros del jardín privado del duque.[28] Además debía someterse a la autoridad de éste ya no sólo en sus horarios de trabajo, sino también en sus modos de vida, en la solicitud de permisos para cualquier desplazamiento o para emprender viajes que rebasaran los muros de la ciudad, o en recibir encargos extras de clases particulares, ensayos y todo tipo de funciones o exigencias que su señor le impusiera.

A pesar de todo, Bach llegaba a Weimar en un buen momento. Por otra parte, el ambiente religioso era mucho más tranquilo que en Mühlhausen y, aunque en esta ocasión Bach desempeñaría las funciones de músico de corte y no de iglesia, esto iba a favorecer su tranquilidad de espíritu y su piedad, que tanto necesitaba para seguir componiendo y estudiando.

A finales de ese año, una gran alegría llegó a casa del joven matrimonio: el nacimiento de su primer hijo. Bach entró corriendo a la habitación donde atendían a su mujer.

—Señor Bach, su esposa acaba de dar a luz.

—¿Cómo se encuentra Maria Barbara? ¿Ha sido niño o niña?

---

27. Palafrenero: criado encargado de llevar el freno de los caballos.

28. Esto da idea de la poca consideración en que se tenía a muchos artistas en aquella época, en especial si no pertenecían a una familia poderosa o no eran promocionados por algún mecenas importante.

—Ha sido una niña, señor. Una niña grande y preciosa.

Bach miró a su esposa y con gran ternura le preguntó:

—Maria, ¿cómo estás?

—Estoy muy bien, Sebastian. Mira qué hija tan preciosa tenemos.

La recién nacida se perdía entre los enormes brazos de su padre, que la estrechaba contra sí y la besaba con gran delicadeza.

—Maria Barbara, ¿cómo la llamaremos?

—Yo había pensado Catharina, ¿te gusta?

—Sí, mucho. Busquemos un nombre compuesto, como todos los Bach. La llamaremos Catharina Dorothea.

A los pocos días de su nacimiento, el veintiocho de diciembre de 1708, Catharina Dorothea era bautizada y venía a aumentar aún más la felicidad de los Bach.

El maestro se sentía tranquilo y contento. Su esposa se recuperaba con normalidad. Convaleciente aún del parto, Bach le dijo:

—Maria, tengo muchas ganas de que te repongas pronto, pues estoy ansioso por mostrarte el pequeño órgano del castillo.

—Estoy bien, de veras. ¿Deseas que vayamos a verlo?

—Únicamente si te encuentras con fuerzas para ello.

El órgano que habían adjudicado a Bach para que tocara y compusiera era el viejo órgano del castillo de Weimar. Aunque pequeño, a él siempre le pareció especialmente interesante.

—Vayamos, pues. Dime, ¿qué es lo que te llama tanto la atención de este órgano?

—Se trata del pedal: con sus siete registros se consigue un tono grave de una sonoridad muy solemne. Este órgano no tiene grandes pulmones, pero sí una delicadeza especial en sus sonidos. Me gusta eso, su dulzura y su afinación.

—¿Te das cuenta de que tu música más noble y bella es la que compones y tocas con el órgano? Escuchándote es como si hablara tu alma.

—Es verdad, Maria, el órgano es el instrumento que más me ayuda a expresar lo que siento.

Y allí permaneció Bach tocando una noche más. ¡Qué precipitada carrera de notas! ¡Qué maravillosa combinación de voces diferentes en sus fugas! Era el maestro del contrapunto. Sus preludios y sus fugas eran como una construcción arquitectónica en la que cada elemento servía de soporte a otro y, al final, se ordenaban todos en perfecta armonía combinando belleza, equilibrio y proporción. Probaba registros, improvisaba notas, acordes... Desplegaba su magistral armonía y sabía arrancar de ese pequeño órgano toda su fuerza y su dulzura.

En una ocasión, estaba trabajando muy concentrado en una obra cuando, de repente, fue sorprendido por otro músico de la corte:

—Señor Bach, ¿qué es esta nueva obra que está componiendo?

—¡Ah! Perdón, señor Eppelsheim, no había advertido su presencia.

—Bueno, estaba ordenando unas partituras para el próximo concierto de este sábado y me ha parecido que lo que escuchaba era algo grandioso.

—¿De veras le ha gustado, señor?

La obra en cuestión era la *Tocata y fuga en re menor* que compuso a la edad de veintitrés años. Ya entonces causó gran impacto no sólo entre los otros músicos de la corte, sino también ante el propio duque, que le felicitó personalmente por esta obra.

Así las cosas, al año y medio de nacer la pequeña Catharina, su esposa le anunciaba una nueva alegría:

—Sebastian, vamos a ser padres de nuevo.

—¿De veras, Maria Barbara? ¿Vamos a traer un nuevo músico a la familia?

—Eso me han confirmado los médicos. Nacerá a finales de este otoño.

—Qué alegría. Si fuera chico me gustaría llamarle Friedemann, y si fuera chica, Alexandra. ¿Qué te parece?

—Me gustan los dos nombres. Ahora la pequeña Catharina ya no se sentirá tan sola.

Así fue. El veintidós de noviembre de 1710 nacía el primer hijo varón. Le bautizaron con el nombre de Wilhelm Friedemann y también llegó a alcanzar fama de gran músico, aunque, con el paso del tiempo, sería uno de los que más disgustos causaría a su padre.

Los Bach vivían bien en Weimar. El ocho de marzo de 1714 la familia aumentó de nuevo con el nacimiento del tercer hijo: Carl Philipp Emanuel, al que familiarmente llamarían Emanuel. Dos años antes habían sufrido la pérdida de dos gemelos, que murieron a los pocos días de nacer.

Su resignación ante la muerte, como ante todo dolor y sufrimiento humano, fue un rasgo que caracterizó su vida entera. En lugar de rebelarse o sentirse resentido por esos hechos, Sebastian acababa refugiándose aún más en su fe y en la meditación de la vida de Cristo que tantas veces le serviría de modelo y fuente de inspiración para su música sagrada.

El once de mayo del año siguiente al nacimiento de Carl Philipp Emanuel, llegaría el cuarto hijo: Johann Gottfried Bernhard; para la familia, Bernhard.

Con la llegada de este cuarto hijo, la familia empezaba a ser numerosa, contando además con la presencia de los primeros discípulos que ya desde los años de Mühlhausen acompañaban al maestro allá donde iba. De esta época, por ejemplo, destacó la presencia de Johann Martin Schubert, que también alcanzaría posteriormente fama como músico aunque murió pronto.

La situación económica de Bach era por aquel entonces muy buena. El duque le había concedido un sueldo de doscientos cincuenta táleros y además contaba con los ingresos de las clases particulares. Bach tenía medios suficientes para sacar a su familia adelante y ahorrar un poco para ir aumentando su biblioteca y la colección de instrumentos de música.

Realmente se sentía muy a gusto, ya que podía componer música de cámara y tocar en las fiestas del duque; sin embargo, echaba de menos dos cosas: tiempo para componer música religiosa y un poco más de libertad para viajar a otras ciudades y probar nuevos órganos o conocer a nuevos músicos. El duque de Sajonia-Weimar era un hombre muy celoso de sus cosas, y aunque, en ocasiones contadas, concedió a Bach el permiso para desplazarse a otras ciudades por motivos profesionales, pretendía tener a su organista a su total disposición y servicio.

En cierta ocasión, Bach vio la oportunidad de hablar con el duque para exponerle su deseo de viajar y solicitarle un poco más de libertad para desplazarse a otros lugares fuera del entorno de Weimar:

—Señor duque, me han ofrecido de las ciudades de Halle y Erfurt que vaya a probar el órgano de sus respectivas iglesias. Son nuevos y desean que compruebe la potencia de sus tubos y la afinación de sus registros.

—Está bien, maestro, pero deberá hacerlo a lo largo de la próxima semana. Deseo que estéis de regreso para el concierto del domingo.

—Sí, señor. Pienso que puedo peritar los dos órganos en seis días y estar de regreso para el próximo concierto. Sin embargo, señor, he sabido que el señor Telemann y su primo Walther visitarán próximamente la ciudad y desearía reunirme con ellos.

—¿Están ustedes trabajando algo conjuntamente?

—El señor Walther vive también en Weimar, y aunque él es músico de iglesia queremos preparar la transcripción de algunos conciertos instrumentales contemporáneos a conciertos para órgano solo.

—Concedido, señor Bach, puede trabajar usted en esa nueva obra, pero no abandone sus obligaciones en la corte. No quiero prescindir ni de su música ni de sus servicios.

Bach transcribió entonces dos conciertos de Vivaldi y dos del joven duque Johann-Ernst. Su amigo Walther hizo lo mismo con Albinoni, Torelli, Meck y Telemann.

Bach trabajó mucho esos años y fue incrementando su prestigio ante la corte de Weimar y ante otras cortes alemanas. El duque, para premiar a su organista, decidió darle un nuevo nombramiento: el de primer violín o concertino.[29] Esto imponía nuevas obligaciones al maestro, pues debía componer una obra nueva cada mes. Pero, a partir de ahora, aumentaban las posibilidades profesionales de Bach, puesto que podía decidir sobre el repertorio que había que tocar en cada momento y dirigir a un coro que le propició la realización de uno de sus deseos más anhelados: escribir música para cantatas.

De estos años destacan obras tan importantes como el *Pasacalle y fuga en do menor*, *La Cantata de caza*... Se podía apreciar en su música una extraordinaria síntesis entre pasión y pensamiento, entre fantasía y orden, entre libertad e improvisación. Él entonces tenía el talento suficiente como para crear música religiosa y música profana simultáneamente porque creía que la música era, en esencia, una sola y que ambas expresiones podían estar inspiradas por la misma fe y consagradas igualmente a Dios. No vio nunca oposición entre ambas manifestaciones artísticas.[30]

Seguramente, Bach hubiera seguido feliz en Weimar de no haber sido por lo que sucedió a finales de 1716.

---

29. La figura del primer violín o concertino es clave en la música de orquesta. Viene a ser como el brazo derecho del director de orquesta y, en aquella época, era aún más importante, pues, en ocasiones, llegaba a ocupar las funciones del propio director.

30. Antoine Goléa, «El creador», en la obra colectiva *Johann Sebastian Bach*, p. 125.

El día uno de diciembre de ese año falleció el viejo maestro de capilla de la corte de Weimar. Ese cargo era el que más había ansiado Bach, pues suponía el reconocimiento formal de la categoría de director de orquesta y gozaba de mayores privilegios y mayor sueldo que el de simple concertino. Sin embargo, Samuel Dresde murió dejando dispuesto que su hijo fuera el sucesor en esa plaza. Aun así, Bach se decidió a hablar con el duque:

—Señor, había pensado solicitarle el puesto vacante de maestro de capilla.

—Pero señor Bach, ¡qué osadía! Usted sabe que este puesto es algo que decido yo según mi propio criterio.

—Lo sé, señor, pero justo por eso, pensaba que estaba contento con mi trabajo y podía aspirar a esa plaza.

El duque no salía de su asombro por la intrepidez de su concertino y, como si hubiera querido pillarle por sorpresa, le respondió súbitamente:

—Señor Bach, debe saber que le he ofrecido el cargo precisamente a su amigo Telemann.

Bach efectivamente sabía por Telemann que el duque le había escrito comunicándole este ofrecimiento, pero el propio Telemann había contestado al duque que estando Bach entre los músicos de su corte, no había nadie tan capaz como él para ocupar el cargo de maestro de capilla.

—Es cierto, señor duque, pero también he sabido que el señor Telemann no está dispuesto a dejar Frankfurt para venir a vivir a Weimar.

—Sabe usted demasiadas cosas, señor Bach, y como ciertamente el señor Telemann parece que no está interesado en el cargo, he decidido darle el nombramiento al hijo del antiguo titular, el señor Dresde.

Bach se retiró entonces cabizbajo y pensó que no valía la pena seguir discutiendo por más tiempo. A pesar de eso, cuánto le pesaba tener que sufrir esa dependencia de las arbitrariedades de quienes le tenían empleado como músico. Bach se veía una vez más obligado a cumplir estrictamente sus funciones bajo las órdenes que su señor le iba dictando.

Este triste suceso tuvo en cambio una consecuencia positiva. El príncipe Leopoldo de Anhalt-Cöthen se había enterado de la negativa del duque de Weimar para conceder el nombramiento de maestro de capilla a su concertino y decidió ponerse directamente en comunicación con Bach.

Se iniciaron una serie de encuentros entre ambos hasta que el príncipe Leopoldo acabó por ofrecerle el cargo de maestro de capilla en su corte de Cöthen. Le otorgaba así una dignidad superior a la que tenía en Weimar y le prometía una oferta económica brillantísima: cuatrocientos cincuenta y seis táleros —en lugar de los trescientos dieciséis que cobraba bajo las órdenes del duque— además de una serie de complementos: pago del alquiler de la casa, leña para todo el invierno y, sobre todo, lo que más deseaba Bach: dirección única sobre toda la música de la corte, música de cámara y de banquetes, acompañamiento musical del príncipe, enseñanza en ejecución y composición.

Ante un ofrecimiento tan generoso, Bach se dispuso rápidamente a redactar su solicitud de despedida de la corte de Weimar.

—Mira, Maria Barbara, por fin me he decidido a presentar esta carta al duque solicitando la dimisión de mi puesto y su permiso para abandonar la ciudad, ¿quieres leerla y decirme qué te parece?

Maria Barbara leyó la carta y respondió a su marido:

—¿Qué piensas que te dirá el duque?

—Lo desconozco, pero tampoco me importa.

—Ten cuidado, querido. Tus relaciones con el señor duque no han sido buenas en estos últimos meses, y algunas damas de la corte me han comentado que está muy enojado contigo.

—Lo sé, Maria. Él quiere que haga en todo momento lo que le place y que siga estrictamente las obligaciones que se derivan de mi trabajo, pero me tiene totalmente sometido a su voluntad. No puedo salir, ni entrar, ni cambiar nada de mi horario sin solicitar su permiso. Me siento controlado todo el día y muy a disgusto.

—También te pesa que no reconociera tu propuesta para ocupar el puesto de maestro de capilla.

—Pero, Maria, tú sabes que como concertino jamás podré desarrollar otra música que no sea de cámara, y yo necesito seguir escribiendo cantatas y componer también otro tipo de música, música sagrada.

—Te comprendo, Sebastian, pero en Cöthen tampoco tendrás demasiado tiempo para escribir música religiosa. Al fin y al cabo, aunque la oferta del príncipe Leopoldo es muy generosa, no deja de ser otra corte, otro palacio.

—Es cierto, pero, al menos, el príncipe Leopoldo es más amable que el duque Wilhelm, y estoy seguro de que me permitirá tener más libertad y autonomía.

Maria Barbara comprendió aún mejor la inquietud de su marido y concluyó diciendo:

—Por lo menos tenemos que intentarlo. Envía hoy mismo tu carta al duque de Weimar y ojalá atienda esta vez tus deseos.

La solicitud fue presentada a principios del mes de mayo, pero a finales de ese mes seguía sin recibir respuesta. Bach escribió una nueva carta, pero como el duque se negaba a responderle, acabó por solicitar una audiencia. Le hicieron esperar casi un mes más y por fin el duque decidió recibirle, sobre todo, para que no le siguiera importunando por más tiempo.

En un ambiente tenso y distante, Bach se dirigió al duque de Weimar:

—Señor, como le di a conocer en mis anteriores escritos, he recibido una oferta del príncipe Leopoldo para ocupar una plaza de músico en su corte como director de orquesta y maestro de capilla...

—¡De ningún modo, señor Bach! ¡Usted está a mi servicio y yo no le concedo el permiso para dejar Weimar y trasladarse a Cöthen!

—Pero señor, llevo nueve años a su servicio y yo también desearía conocer otros ambientes musicales, desarrollar nuevas posibilidades...

—¡Señor Bach, le prohíbo terminantemente que abandone Weimar!

Bach tuvo que hacer un esfuerzo enorme para contener su genio, pero con gran contundencia replicó al duque:

—¡Usted no puede prohibirme que me traslade de

ciudad si ése es mi deseo! ¡Yo solicito su permiso por cortesía, pero ya he decidido lo que pienso hacer!

—Sabe de sobras que tengo autoridad suficiente como para prohibirle eso y hasta reprenderle por su insumisión.

Así acabó la discusión por el momento, pero tendría aún graves consecuencias en un futuro muy próximo. Bach ya había decidido tomar posesión de su nuevo cargo en agosto de ese año sin tener todavía el permiso del duque. Eso enfureció aún más a su señor, que ya entonces pensaba en la forma de castigarle por su desobediencia.

Por aquellos días sucedió algo que precipitó los acontecimientos. A primeros de septiembre de 1717, Bach había sido convocado a un concurso en la ciudad de Dresde para probar su arte junto al de otro músico famoso de la época, Louis Marchand. El Concejo de la ciudad organizó el torneo para determinar a quién concedería la plaza vacante.

—Señores, hemos decidido citar a ambos músicos para la próxima semana y que nos demuestren así quién es el más apto para desempeñar el cargo de maestro de capilla en Dresde. El duelo será a clavecín.

Cuando llegó el momento de presentar a los músicos sucedió algo extraño...

—El señor Bach está esperando a su contrincante para presentar los saludos y dar inicio al torneo, ¿alguien sabe por qué no ha llegado todavía el maestro Marchand? —exclamó el presidente del Tribunal.

—Señores, acabo de recibir un comunicado del maestro Marchand excusándose por su ausencia —contestó uno de los miembros.

—En ese caso, señor Bach, queda usted como único vencedor, y si lo desea puede ocupar la plaza para la que había sido convocado.

Pero Bach no llegó nunca a ocupar esa plaza. Fue a Dresde con ocasión de la convocatoria del concurso y para conocer a Marchand. Como finalmente el torneo no se llevó a cabo, regresó de nuevo a Weimar y lamentó mucho no haber tenido la oportunidad de saludar personalmente al famoso músico de origen francés y tocar juntos en esa competición. Marchand, por su parte, la noche anterior al concurso, al enterarse de quién era su contrincante, decidió hacer su equipaje y abandonar la ciudad.[31]

A Bach, en cambio, lo único que de verdad le interesaba en ese momento era dejar Weimar y ocupar la plaza de maestro de capilla que le había ofrecido el príncipe Leopoldo, en la corte de Cöthen.

Cuando llegó a su casa, Bach se encontró con una desagradable sorpresa:

—Sebastian, hay unos señores esperándote en la salita. Traen un comunicado de parte del duque.

Bach entró en la sala.

—Señor Bach, venimos a entregarle este comunicado de parte del señor duque: *«Por su osadía y su obstinación en aceptar la plaza que le ha propuesto el príncipe Leopoldo y abandonar la ciudad sin nuestro permiso, se le condena a un mes de calabozo que se prolongará por más tiempo mientras no desista en su empeño por ocupar esa plaza.»*

---

31. Marcel Brion, «Su vida: una partitura magníficamente escrita», en la obra colectiva *Johann Sebastian Bach*, p. 15.

Y así sucedió. Bach fue encarcelado sin mediar juicio ni sentencia. La arbitrariedad del duque, que era habitual en aquella época,[32] imponía la ley a su libre antojo y conveniencia.

Las actas del Consejo de Weimar dejaron constancia del encarcelamiento de Bach y su posterior liberación:

«El 6 de noviembre de 1717 el hasta ahora concertino y organista de la corte, Bach, ha sido arrestado en la celda del juzgado a causa de su manifiesta terquedad y por exigir su despido y, finalmente, el 2 de diciembre, con el procedente disfavor, se le ha anunciado el despido por el secretario de la corte y liberado de su arresto.»[33]

Bach permaneció un mes en el calabozo, pero no perdió el tiempo. En esas adversas circunstancias aprovechó para escribir el *Pequeño libro de órgano*, con la idea de preparar un plan pedagógico sencillo y claro para sus discípulos.[34]

---

32. El siglo XVIII se caracterizó por el despotismo propio de los señores ilustrados. Este siglo se conoce con el sobrenombre de «Siglo de las Luces» o siglo de la Ilustración. La Ilustración nació en Francia y se extendió luego a otros países europeos. Supuso el triunfo de la razón absoluta y de la ciencia como factores clave del progreso humano. La sociedad, sin embargo, seguía dividida en estamentos según la herencia medieval, y hasta el estallido de la Revolución francesa (1789) no fueron desapareciendo esos usos y costumbres sociales que catalogaban a las personas por el contexto social en el que hubieran nacido. De este modo, la nobleza podía disponer de sus bienes y de sus empleados según su propio capricho y provecho.

33. Klaus Eidam, *La verdadera vida de J. S. Bach*, p. 99.

34. Marcel Brion, «Su vida: una partitura magníficamente escrita», en la obra colectiva *Johann Sebastian Bach*, p. 15.

La posterior liberación del maestro se llevaría a cabo días más tarde gracias a la mediación del príncipe Leopoldo, quien al enterarse de lo sucedido, habló inmediatamente con el duque para evitar que, por un simple capricho, cesaran las buenas relaciones entre los dos estados alemanes de Sajonia-Weimar y Anhalt-Cöthen.

A finales de diciembre de ese mismo año, la familia Bach abandonaba Weimar con dirección a Cöthen. Este nuevo traslado supondría un importante ascenso en la carrera profesional del maestro.

La vida en Cöthen

Cöthen era una pequeña ciudad tranquila y bella. El príncipe destacaba por su talante liberal y por su gran sensibilidad hacia la música. Desde el principio, supo cuidar muy bien a su director de orquesta, que ya por entonces empezaba a tener fama en toda Alemania y parte de Europa.

Al poco tiempo de llegar a la corte, el príncipe Leopoldo sorprendió a Bach:

—Maestro Bach, para celebrar su llegada a nuestra ciudad he decidido abonarle un sueldo completo por los cuatro meses que no ha podido ocupar su cargo a causa de los problemas con el duque de Weimar. Además hemos habilitado una casa grande para usted y su familia junto a las dependencias del palacio. Así podrá disponer de la sala de conciertos para sus ensayos y estudios.

—Señor, cómo puedo agradecerle tantas amabilidades. Estoy seguro de que nuestra estancia en su corte será muy fructífera para todos.

—Espero que todo contribuya a ello y pueda realizar su trabajo en las mejores condiciones.

Así empezó la vida de los Bach en Cöthen. Arropados por el cariño y la admiración del príncipe y reconfortados por una nueva situación económica y social mucho más elevada de la que, hasta la fecha, habían conocido.

En esos años, Bach compuso gran cantidad de música para instrumentos de cuerda, una colección de piezas muy famosas para clavicordio y otra de veinticuatro preludios y fugas que posteriormente fue designada como *El clave bien temperado*.[35]

—Maestro, ¿con qué finalidad habéis escrito esta obra? —preguntaba con interés el príncipe.

—La he concebido para el estudio de los que ya estén bastante avanzados en la práctica del clave.

—Pero, Bach, esto es muy difícil de tocar.

—Sí, mi príncipe, sin embargo usted puede hacerlo. Sólo requiere un ejercicio constante y un espíritu alegre y juvenil.

Con el tiempo, esta obra sería considerada como una de las aportaciones más importantes de Bach a la historia de la música. Algunos han llegado a situarla incluso como el precedente de la música moderna desde Beethoven a Schönberg, pasando por Wagner.[36]

También a esta época corresponde la obra *Fantasía cromática,* que sorprendió a todos por la combinación per-

---

35. Esta obra él la llamó «Colección de veinticuatro preludios y fugas» correspondiendo con el orden de la escala cromática; la completó años más tarde, entre 1740 y 1744, con una colección nueva de otros veinticuatro preludios y fugas que pasaron a integrar la obra completa del llamado posteriormente *Clave bien temperado.*

36. Cfr. Antoine Goléa, «El creador», en la obra colectiva *Johann Sebastian Bach*, p. 139.

fecta entre armonía y contrapunto, así como por las admirables improvisaciones que aparecían a lo largo de ella.

Bach seguía componiendo y estudiando. Hacía viajes, probaba nuevos instrumentos, intercambiaba experiencias con otros músicos. Se dedicaba, por entero, a la búsqueda de la idea musical pura. En cierta ocasión fue sorprendido por el príncipe:

—Bach, ¿es cierto que habéis inventado un nuevo instrumento?

—Sí, mi señor: se trata de la viola pomposa.

—¿Qué es la viola pomposa? ¿Por qué le habéis dado ese nombre?

—Porque se trata de un instrumento de cinco cuerdas, intermedio entre el violín y el violonchelo. Me parecía que faltaban nuevos sonidos y matices entre los instrumentos de cuerda. Acabo de escribir una suite para probarlo, ¿queréis oírla?

—¡Encantado, cómo no!

Bach estaba interesado en todos y cada uno de los instrumentos musicales, fueran como fueran: desde el flautín hasta el órgano, que siempre le pareció el más noble de todos y con el que mejor podía expresar su música. Meditaba constantemente cómo se podían mejorar para suprimir durezas o imperfecciones y que pudiesen, de este modo, producir sonidos más bellos.

Conocía personalmente a los principales *luthiers*[37] alemanes de la época y era amigo de Gottfried Silbermann,

37. *Luthier* era el nombre con el que se designaba a los fabricantes de laúdes y violas, especialmente durante la época renacentista. Posteriormente se siguió manteniendo esta denominación para designar a los fabricantes de instrumentos.

Christian Hoffmann y Heinrich Eichentopf, importantes constructores de órganos y de otros instrumentos de tecla, madera y metal. Además de la viola pomposa, años más tarde, Bach inventaría también otro instrumento: el laúd-clavecín.

Sus trabajos e invenciones las comentaba directamente con el príncipe, que no cesaba de animarle en todo momento:

—Maestro, ¿ya tenéis preparado el próximo concierto para violín? ¿Cuándo podremos escucharlo?

—En las próximas semanas, mi señor.

—Quiero sorprender a la corte con una nueva obra que exprese la grandeza y la sensibilidad de la que hacemos gala.

Realmente, Bach consiguió sorprender a todos con sus nuevos conciertos para violín. Estos conciertos fueron escritos en su mayoría mientras estuvo al servicio del príncipe Leopoldo. Estaban pensados para ser ejecutados por pequeñas orquestas en las que uno o dos violines hacían las veces de instrumentos solistas. Durante esos años, Cöthen tuvo fama por su buena música en toda la Alemania central; precisamente los años en los que Bach permaneció a cargo de la dirección de la orquesta del príncipe.

El príncipe estaba entusiasmado con su maestro de capilla. No se separaba de él ni siquiera durante sus viajes de recreo. Se cuenta que cuando Leopoldo iba a Karlsbad a tomar sus baños, se hacía acompañar por media docena de músicos a las órdenes de Bach, pues en caso contrario, el descanso del príncipe resultaba incompleto.

Leopoldo admiraba profundamente a Bach y era un enamorado de su música. Él mismo tocaba el violín, la viola de gamba y el clave, sabía cantar y además tomaba lecciones de composición con su maestro de capilla.

—Me han dicho que está usted trabajando en una nueva obra, ¿podría desvelarnos algo de su contenido?

—Sí, mi señor, se trata de una serie de conciertos, de mucho colorido y muy alegres. Estaba pensando en llamarlos *Conciertos de Brandemburgo*...

—¡Estupendo! Pero ¿por qué los quiere bautizar con este nombre?

—Porque me inspiré en esa ciudad, a raíz de la conversación que mantuve con el *margrave*[38] de Brandemburgo sobre la oposición entre el *tutti* de la orquesta y el grupo de instrumentos solistas.

—¡Qué interesante! ¿Cuándo podremos escucharlos?

—De momento tengo preparados el primero, el segundo y el cuarto. Ahora estoy trabajando en el tercero y los dos últimos llegarán un poco más tarde. Serán seis en total.

—¡Fantástico, Bach! Estoy ansioso por oír una primicia de esos conciertos.

En esta época, además de las obras ya mencionadas, Bach compuso otras tan famosas como las *Cuatro suites para orquesta*, las *Tres sonatas*, las *Tres suites para violín solo*, las *Seis suites para violonchelo solo*, las *Invenciones a dos voces*, las *Fantasías a tres voces*, las *Suites francesas*, las *Suites inglesas* y la *Fantasía cromática y fuga*. En definitiva,

---

38. Título honorífico de algunos príncipes alemanes.

numerosa música para instrumentos solistas, música de cámara y música de orquesta.

Bach estaba satisfecho de su trabajo y se sentía feliz en Cöthen. Sólo echaba de menos una cosa: escribir e interpretar música religiosa. El contexto de palacio era ideal para componer música de cámara y música para orquesta, pero prácticamente no tenía ocasión para tocar y componer otra música que no fuera la de carácter profano, y aunque esto también agradaba al maestro, sin embargo, su profunda religiosidad seguía creciendo de día en día y echaba en falta más tiempo para la música sagrada.

A veces, se desahogaba con su esposa, diciéndole:

—Maria Barbara, estoy contento de estar aquí y el príncipe es muy atento con nosotros, pero el órgano de palacio es muy pequeño y no puedo escribir música para cantatas.

—Es posible, querido, pero ya llegará la ocasión de poder combinar ambas cosas, ¿no crees?

—No estoy seguro. El príncipe se preocupa mucho por la calidad de su música y quizá sí me permitiera hacer ambas cosas... pero entre tantos conciertos, peritajes de órganos, viajes y clases no puedo pensar en otra cosa que no sea la música que el príncipe desea oír.

—Ten paciencia, Sebastian, verás como todo llega.

Bach era tan paciente como podía, pero sucedieron una serie de acontecimientos que cambiaron radicalmente las circunstancias de su vida.

En los últimos meses de 1719, Maria Barbara contrajo una grave enfermedad. El médico acudió rápidamente a la corte para atender a la enferma.

—Señor Bach, su esposa tiene principio de neumonía. Padece fiebres muy altas. Le hemos puesto una sangría y le hemos recetado estos medicamentos para tratar de frenar la fiebre y que recupere las fuerzas.

—Pero doctor, Maria Barbara lleva ya varias semanas en este estado tan débil. El invierno está siendo muy frío y aún falta un mes para que llegue la primavera. Si no le baja la fiebre no podrá resistir este frío.

—No se preocupe; que haga reposo absoluto y tome estas medicinas.

Pasaron unos días y pareció que Maria Barbara se recuperaba un poco. Había que hacer muchas cosas, y en cuanto se sintió un poco mejor, regresó de nuevo a sus tareas domésticas: el trabajo con los niños, el cuidado de su marido, atender las visitas…

Llegó por fin la primavera y parecía que Maria Barbara ya estaba recuperada del todo, pero tuvo una nueva recaída. Entre conciertos, composiciones, ensayos y estudio personal, Bach siempre encontraba un momento para ocuparse de sus hijos y de su esposa.

—Querida, ¿cómo te encuentras?

—No sé, Sebastian, el médico me ha dicho que haga reposo absoluto, pero no acabo de reponerme.

—Catharina, ayuda a mamá a retirar los juguetes de Friedemann y Emanuel. Esta noche, no habrá ensayo y nos iremos a dormir pronto.

—Pero papá, Friedemann y Emanuel querían que tocases el último estudio para clave.

—Es que mamá no se encuentra bien. Tenemos que recoger pronto y acostar al pequeño Bernhard.

—Bueno, ¿y mañana?

—Ya veremos; según como se encuentre mamá.

Pero al día siguiente el príncipe solicitó a Bach que le acompañara a Karlsbad a tomar sus baños junto con otros señores y músicos de la corte. Mientras estaban fuera llegó la triste noticia.

—Señor Bach, hemos recibido esta carta desde Cöthen. Su mujer está muy grave y los médicos le piden que regrese con urgencia.

Cuando Bach llegó a su casa, Maria Barbara ya había fallecido. Sus hijos se abrazaron a él con cariño y Bach lloró desconsolado. Eran los primeros días de julio de 1720.

La muerte de su esposa fue un duro golpe. Él ya había conocido ese sentimiento anteriormente. Primero sus padres, después tres de los hijos que tuvo con Maria Barbara y ahora ella. Los retratos de esta época reflejan muy bien cómo cambió la expresión del joven Bach, fuerte y seguro de sí mismo hasta entonces. Ahora estaba solo. Sus hijos eran aún muy pequeños y él tendría que hacer las veces de padre y de madre, además de seguir con su trabajo en la corte y de impartir sus clases.

Fue un tiempo difícil. Habrían de pasar casi dos años para que la alegría y el consuelo regresaran de nuevo a la familia Bach.

7

Anna Magdalena Wilcken

Los días se sucedían tristes y solemnes en la corte, mientras Bach se sumía en su música. Sólo ahí encontraba el consuelo necesario para seguir adelante. Meditaba entonces algunos textos de sus cantatas que, con el tiempo, inspirarían *La Pasión según San Mateo*, una de sus más grandes obras:

Ven, dulce cruz, para que pueda cantar: Jesús mío, no me la niegues jamás. Si mis sufrimientos sobrepasan mis fuerzas, ayúdame a soportarlos.

Si el rocío de mi llanto te es pesado, toma mi ferviente corazón. Llénalo en la dulce fuente de tu gloriosa pasión, este cáliz te ofrezco. [39]

El príncipe trataba con gran clemencia a su director de orquesta, quien a pesar de su gran sufrimiento, se mantenía fiel a sus compromisos como responsable de toda la música que se organizaba en la corte.

Esos momentos de tristeza, sin embargo, no iban a durar mucho tiempo. En poco más de un año, Bach cono-

---

39. Fragmentos 61 (aria, contralto) y 66 (aria, bajo) de *La Pasión según San Mateo*.

67

cería a la que sería su fiel compañera para el resto de su vida: Anna Magdalena Wilcken.

Anna Magdalena era hija de un músico de la corte de Weissenfels. El señor Wilcken había sabido dar una refinada educación musical a su hija y ésta tenía una hermosa voz de soprano. Ambos admiraban profundamente al director de orquesta de la corte de Cöthen y, con ocasión del concierto que Bach tenía que ofrecer en la iglesia de Santa Catalina de Hamburgo, se trasladaron a esa ciudad para asistir al acto. Hacía tiempo que habían oído hablar del gran Bach y estaban ansiosos por conocerle y saludarle personalmente.

Tras realizar unas compras en la ciudad y antes de regresar a casa de sus tíos, Anna Magdalena visitó la iglesia de Santa Catalina para contemplar el órgano horas antes de la celebración del concierto.

—Señor, disculpe, desearía visitar un momento la iglesia antes del concierto de esta tarde.

El que la atendió fue el capellán de Santa Catalina, que no tuvo ningún inconveniente en dejarle pasar.

—Muy bien, señorita. Pero no se demore en salir. Ahora están tocando el órgano y cuando finalice el ensayo quisiera cerrar pronto para disponer los últimos preparativos antes del concierto.

—Sí, señor, desde luego, no tardaré en salir.

Ella no podía saberlo, pero el que estaba tocando el órgano era el mismo Bach. Anna Magdalena se quedó inmóvil ante aquella música. Le pareció que venía directamente del cielo y que no podía existir un intérprete humano que ejecutase de ese modo aquella melodía.

Cuando hubo terminado, aún permaneció inmóvil un rato hasta que advirtió la presencia cercana de alguien. Ella creyó que se trataba de algún ángel o de un ser superior. Cuando se dio cuenta de que quien la miraba era el organista, un hombre corpulento de carne y hueso con semblante serio y tranquilo, salió corriendo despavorida del susto.[40]

Esa tarde, a las siete, tuvo lugar el concierto, que fue todo un éxito. Anna Magdalena explicó entonces a su padre lo que le había sucedido por la mañana. Cuando hubo terminado el concierto, emprendieron pronto el camino de regreso a su casa en Weissenfels.

Mientras tanto, la fama de Bach seguía creciendo y ya empezaban a visitarle músicos procedentes de otros países, principalmente italianos y franceses. Él mismo había admitido en alguna ocasión ciertas influencias de la música italiana y francesa, aunque a quien más admiraba era a su contemporáneo Haendel. En varias ocasiones quiso conocerle personalmente, pero como Haendel había establecido su residencia permanente en Inglaterra, nunca llegó ese momento tan deseado.

Tras el concierto, Bach regresó de nuevo a Cöthen. Hacía tiempo que empezaba a no sentirse a gusto en la corte del príncipe Leopoldo. No acababa de superar la muerte de Maria Barbara y cada vez le parecía más inadecuado el ambiente cortesano para la educación de sus hijos. Su regreso a Cöthen le traería en esta ocasión nuevas y muy buenas perspectivas.

---

40. Cfr. *Die kleine Chronik der Anna Magdalena Bach.*

Al llegar a palacio, el mayordomo se dirigió a él diciéndole:

—Señor Bach, el príncipe Leopoldo ha preguntado por usted, le está esperando en su biblioteca.

Cuando Bach se presentó ante el príncipe, éste le dio a conocer un nuevo proyecto:

—Maestro, ¿qué tal su viaje a Hamburgo?

—Muy bien, señor. El órgano de Santa Catalina es francamente bueno y el concierto fue un éxito.

—Me alegro, porque tengo nuevos planes para este verano y quisiera disponer de casi todo su tiempo en los próximos dos meses.

—Usted dirá, señor.

—Hace días, venía pensando en la posibilidad de organizar una serie de conciertos conjuntamente con la corte de Weissenfels. Me gustaría, además, que fueran acompañados por coros y que sirvieran como una manifestación más del buen entendimiento entre ambas cortes y de nuestra merecida fama de amantes de la música, ¿qué le parece la idea?

—Muy bien, señor, si ese es su deseo. Tendría que hablar con el príncipe de Weissenfels y organizar la orquesta y los coros.

—Exacto, deberá viajar entonces a Weissenfels, donde expondrá el asunto ante el Consejo de la ciudad. Yo mismo me encargaré de las gestiones con el príncipe.

Y así fue como Bach visitó la corte de Weissenfels, en donde volvería a encontrarse con Anna Magdalena. Transcurría el mes de marzo de 1721 cuando Bach llegó a casa de los Wilcken.

—Anna Magdalena, no entres todavía en la sala. Hay una visita: tu padre está con el maestro Bach, que ha venido desde Cöthen para proponerle un plan de conciertos en nuestra corte.

—¡No puede ser! ¿Johann Sebastian Bach, el director de orquesta de Cöthen?

—Sí. Por lo visto va a tocar y dirigir una serie de conciertos este verano.

Magdalena no había salido de su asombro cuando de repente oyó que su padre la llamaba:

—¿Ha regresado ya Anna Magdalena?

Ella se apresuró a responder:

—¿Padre, me llamabas?

—Ven, hija mía, el señor Bach sabe que eres soprano y le gustaría escuchar tu voz.

Anna Magdalena pudo, con grandes esfuerzos, respirar hondo y emitir algunas notas con su afinada voz de soprano.

—Anna Magdalena, ¿ese es tu nombre?

—Sí, señor. Pero me llaman Magdalena.

—Tienes una voz muy dulce y clara, ¿te gustaría formar parte del coro que queremos organizar en la corte?

—Sí, señor. Me gustaría mucho.

Magdalena pensaba que estaba viviendo un sueño y que en cualquier instante se iba a despertar. Desde ese momento, ella y otras voces privilegiadas de Weissenfels serían seleccionadas para formar parte del coro que el maestro de Cöthen iba a dirigir durante unos meses. Seguía pensando para sus adentros que Bach no la había reconocido cuando éste le dijo de pronto:

—¿Qué te pareció mi ensayo del concierto en Santa Catalina?

—Me gustó mucho, señor.

—Maestro Bach, mi hija volvió entusiasmada de la iglesia diciendo que había tenido la primicia de su obra por el privilegio de haberla podido escuchar ella sola.

—Lo sé, señor. Creo que la asusté un poco.

Magdalena no salía de su turbación. Ya entonces, en su interior, comprendió que se había enamorado de Bach desde la primera vez que le vio y escuchó su música. Esa profunda admiración hacia él fue creciendo día tras día hasta convertirse en su fiel compañera para el resto de su vida. Bach, por su parte, también sintió desde el principio un gran amor hacia ella, como así quedó atestiguado no sólo por el número de hijos que nacieron de su matrimonio,[41] sino también por los numerosos manuscritos que Anna Magdalena dirigió a su marido en vida y los que dejó redactados tras su muerte, y por los cuadernos de música y poemas que Bach dedicó a su joven esposa a lo largo de su vida.[42]

---

41. De este segundo matrimonio nacieron trece hijos, de los que sobrevivieron siete. Aunque hoy resulte difícil de comprender, en aquella época era muy frecuente la muerte de niños recién nacidos o de corta edad. La medicina no estaba tan desarrollada como en nuestros días, y por eso la mortalidad infantil era tan elevada.

42. Por sorprendente que parezca, debido a la diferencia de edad entre Bach y su joven esposa, que se llevaban quince años, todos los biógrafos coinciden en admitir la felicidad de esta unión para ambos, a pesar de las grandes dificultades que tuvieron que afrontar juntos. Un ejemplo reciente de uno de esos testimonios es el que aparece relatado en la obra de Klaus Eidam *La verdadera vida de J. S. Bach*, p. 123.

Con los ensayos del coro y los viajes cada vez más asiduos a Weissenfels, maestro y soprano tuvieron la oportunidad de tratarse un poco más hasta que, a finales del verano de 1721, Bach solicitó la mano de Anna Magdalena.

Ella tenía entonces quince años menos que Bach y trabajaba como soprano en la corte del príncipe de Anhalt-Zerbst. Esto no era nada común entre las muchachas de su época, acostumbradas sobre todo a las labores domésticas, pero lo cierto es que Magdalena gozaba ya entonces de una independencia que le hubiera permitido seguir viviendo y trabajando en Weissenfels de no haber conocido a Bach.

Días antes de la boda, Bach se dirigía a sus hijos:

—Hijos, quisiera pediros algo... Anna Magdalena será ahora mi esposa y os cuidará como lo hubiera hecho vuestra propia madre. Tenemos que conseguir que se sienta bien entre nosotros y ayudarle en las tareas de la casa. ¿Querréis contribuir a eso?

—Sí, padre. Si ese es tu deseo, nosotros también procuraremos acogerla con cariño y respetarla en todo.

Quien hablaba era la hija mayor de Bach, Catharina, que tenía entonces trece años y se sentía responsable del cuidado de sus hermanos. En ese momento intervino también Friedemann:

—Pero padre, no habrá nadie que pueda sustituir a mamá en nuestra familia.

—Lo sé, hijo. Pero mamá ya no está entre nosotros y Anna Magdalena sabrá cuidaros en su lugar con el mismo amor con que lo hubiera hecho vuestra madre. Tenemos que darle una oportunidad.

Friedemann tenía nueve años cuando perdió a su madre y fue uno de los que más sufrió. Quizá por eso, también fue al que más le costó aceptar la decisión de su padre de volverse a casar. Los otros hijos, Carl Philipp Emanuel y Johann Gottfried Bernhard, tenían entonces siete y seis años respectivamente. Aunque también ellos echaban muy en falta a su madre, les costó menos acoger con cariño la llegada de la nueva inquilina.

La boda se celebró en Cöthen el tres de diciembre de 1721. Anna Magdalena se hizo cargo enseguida de la atención de los cuatro hijos de Bach y del cuidado de su esposo, que estaba pasando entonces por un momento grande de contradicción, en su vida y en su obra.

—Catharina, ¿querrás ayudarme a recoger estas partituras de tus hermanos? Me tendrás que decir cuál es el escritorio de cada uno de ellos.

—Sí, señora, enseguida.

—Puedes llamarme Magdalena, si quieres.

—Sí, señora. Lo que usted diga.

Al principio, el trato con los hijos de Bach le costó un poco a pesar de la buena voluntad que tenían todos. Sin embargo, poco a poco, la ternura de la joven soprano y el gran amor que sentía por su marido fueron abriendo un hueco en sus corazones, y a los pocos meses de convivir con ella, ya la trataban con la confianza que merecía una madre. Sólo Friedemann seguía resistiéndose, a pesar de que siempre le mostró un gran respeto.

Bach, por su parte, cada vez se sentía más reconfortado. Su enlace con Anna Magdalena contribuyó a aplacar la tristeza por la pérdida de su primera esposa y a devolverle la ilusión en su trabajo.

A los pocos días de la boda del maestro, la alegría en la corte se vio aumentada también por la boda del príncipe Leopoldo. Tan sólo ocho días más tarde, el príncipe Leopoldo contrajo matrimonio con la princesa Federica Enriqueta de Anhalt-Bernburg. ¿Quién podía pensar entonces que un acontecimiento tan dichoso podría traer tan funestas consecuencias para el maestro de capilla?

La princesa Federica era absolutamente insensible a la música y le gustaba cultivar otras aficiones muy diferentes, como dar paseos a caballo, organizar torneos militares, promocionar fiestas palaciegas... Poco a poco fue arrastrando al príncipe hacia esos gustos y Leopoldo, que años antes había estado totalmente cautivado por la música de su maestro, se veía ahora abocado hacia otras actividades que casi nada tenían que ver con este arte.

Pasaban los meses y Bach se encontraba cada vez más arrinconado en el ambiente de la corte y entre sus propios discípulos. Esta situación ingrata y tensa acabó por colmar la paciencia del maestro hasta que se decidió a hablar con el príncipe:

—He observado, señor, que su interés por la música ha venido decreciendo en estos últimos meses.

—Puede ser cierto, maestro, pero usted ya conoce las aficiones de mi esposa, y el arte musical no es precisamente una ellas.

—Quizá por eso, señor, estaba pensando en la posibilidad de ser sustituido en mis funciones y buscar plaza de músico en otra ciudad.

—Pero, maestro, yo no quisiera entorpecer vuestro trabajo entre nosotros. Siempre me habéis complacido fielmente y sólo deseo que seáis bien recompensado y que os encontréis a gusto.

Pero Bach cada vez se sentía menos a gusto entre tanta fiesta, demostraciones de juegos de guerra y la indiferencia descarada de la princesa, que influía enormemente en el príncipe Leopoldo. Además, Bach observaba que el ambiente de la corte no era el más adecuado para la educación de sus hijos, así que, transcurridos unos días, volvió a solicitar audiencia con el príncipe:

—Señor, he estado meditando sobre nuestra última conversación y he pensado que quizá sería mejor para todos que presente la renuncia a mi puesto y empiece a buscar otra plaza de músico, tal vez en alguna iglesia. Así, también, podría dedicarme un poco más al cultivo de la música religiosa que tanto echo en falta.

—Como deseéis, maestro Bach, usted siempre será respetado en nuestra corte, aunque, como puede observar, las modas varían y nuestros gustos se dirigen ahora hacia otras preferencias.

—En ese caso, mi príncipe, solicito vuestra licencia para abandonar Cöthen.

—Y yo os la concedo: que tengáis suerte en vuestro camino...

Y así fue como, una vez más, obligado por las circunstancias, Bach tuvo que buscar un nuevo destino.

A pesar del triste final en Cöthen, durante esos años Bach había compuesto grandes obras, especialmente para violín y violonchelo, y abundante música de cámara. La última parte de los *Conciertos de Brandemburgo*, las *Suites orquestales*, los *Tres conciertos para violín solo*, las *Invenciones* y la mayor parte de *El clave bien temperado* son todas obras de su época de Cöthen. Mucha y muy buena música durante esos cinco años y medio que permaneció en la corte, pero todo antes de la boda del príncipe Leopoldo con la princesa Federica. A partir de esa fecha, 1721, empezó un tiempo de resignación y de espera mientras llegaba la posibilidad de cambiar nuevamente de destino.

Leipzig, 1723

El viejo cantor de la iglesia de Santo Tomás de Leipzig acababa de morir.

La noticia llegó a casa de los Bach en el otoño de 1722. Sebastian habló con su esposa:

—Magdalena, ¿qué te parecería si nos trasladáramos a vivir a Leipzig?

—Como tú dispongas, Sebastian. Cöthen se está quedando pequeño para ti y para nuestros hijos.

—Quizá podría pedir plaza en la Escuela de Santo Tomás, pues me han llegado noticias de que ha muerto el señor Kuhnau y la plaza ha quedado vacante. Pienso que podríamos encontrarnos bien allí.

—Sí, además podrías escribir música religiosa y nuestros hijos tendrían mejores oportunidades de estudiar y tener una educación menos banal que la que se respira entre los cortesanos.

—Si estás de acuerdo entonces, me pondré inmediatamente en contacto con el Concejo de la ciudad para dar a conocer mi ofrecimiento, pues me he enterado de que el propio Telemann y Graupner están interesados en ocupar ese cargo y es posible que haya cierta competencia entre varios músicos.

Era cierto, su amigo Telemann, que ejercía de músico en Hamburgo, también había demostrado interés por las condiciones de ese puesto y no parecía del todo fácil que la oferta de Bach fuera aceptada inmediatamente. Sin embargo, a mediados de noviembre de ese año, Bach recibía en su casa la visita de un representante del Concejo de la ciudad.

—Señor Bach, hemos conocido su interés por el cargo de cantor y maestro de coro de la Escuela de Santo Tomás de nuestra ciudad, y vengo en representación del Concejo para comunicarle que puede usted manifestar esa solicitud por escrito.

—Estos formalismos, señor, yo no los entiendo, pero si hay que proceder de este modo, hoy mismo redactaré mi solicitud por escrito.

—Estos formalismos son necesarios, y en cuanto tengamos una respuesta, se la haremos saber.

Bach no entendía por qué eran necesarias tantas formalidades, pero la plaza de Leipzig ciertamente estaba muy solicitada. En sí, la Escuela de Santo Tomás ya no era la misma que cuando fue fundada dos siglos antes. Había perdido gran parte de su prestigio y de su fama, pero ocupar esa plaza significaba entrar en contacto con músicos e influencias procedentes de toda Europa y dirigir la música de las principales iglesias de la ciudad además de la de Santo Tomás, a la que se hallaba vinculada la escuela.

Por otra parte, Leipzig era entonces casi tan importante como Hamburgo. Contaba con unos 30.000 habitantes y era una ciudad abierta y rica. Tenía una prestigiosa universidad, dos teatros y un Consistorio que dependían directamente del rey y garantizaban el tráfico del comercio y el dinamismo de sus habitantes. Había sido la ciudad de Leibniz,[43] uno de los filósofos y matemáticos más importantes del siglo XVII, y ya desde entonces tenía fama de ser una de las más importantes de toda Alemania.

Bach se hallaba todavía a la espera de noticias del Concejo de Leipzig y se le hacía eterno tanto silencio. Dirigiéndose a su esposa, le dijo:

—Magdalena, ya no puedo soportar por más tiempo tanta apatía y tanta indiferencia por parte del príncipe Leopoldo y de su mujer. Aún se me hace más insoportable si pienso en la posibilidad de que rechacen mi candidatura en Leipzig.

—Es cierto, pero no podemos hacer otra cosa más que esperar. Hemos pasado a tener una posición casi de anonimato en la corte. Sólo valoran la música de caza y la de los acompañamientos militares.

—Esto es denigrante. Si tardan mucho en contestar a mi solicitud, empezaré a buscar otros lugares...

—Sebastian, ten paciencia. Quizá tienen otras solicitudes y deben estudiar otras posibilidades. Al fin y al cabo, tu posición actual es más elevada que la que ellos te pueden ofrecer. Si no fuera porque el príncipe ha perdido su interés por nosotros, en Cöthen tienes un buen sueldo y te queda el prestigio de estos cinco años.

---

43. Leibniz (1646-1716) engrandeció el nombre de Leipzig y de toda Alemania. Fue profesor de lógica y de matemáticas. Descubrió el cálculo infinitesimal e inventó la máquina de calcular.

—Sí, pero a mí no me basta. Sé que el cargo de cantor en la escuela supone renunciar a mi rango de director de orquesta, y que tendré que asumir funciones que no me gustan, como por ejemplo tener que dar clases de latín, pero, al menos, podré volver a escribir música religiosa y dirigir un coro.

—¿Cómo ves la situación actual de la Escuela de Santo Tomás? ¿De veras te parece que allí podrás sentirte a gusto?

—No lo sé, Magdalena. Pero aquí no podemos permanecer mucho más tiempo. Es verdad que la escuela ha perdido muchos alumnos desde que fue fundada. Me parece que ahora hay sólo medio centenar de chicos. ¿Sabes qué trabajos les obligan a hacer para ayudar a su sustento?

—Pues no. No se me ocurre, pero he oído que a la escuela se la conoce también por el sobrenombre de *Schola pauperum*.[44]

—Es cierto. Los chicos que van a estudiar allí proceden de familias muy humildes sin recursos suficientes. Les obligan a trabajar como *kurrende*, es decir, a cantar en las calles de la ciudad como si fueran coros callejeros que mendigan limosnas de los transeúntes para su sustento.

—No lo puedo creer. Y con esa clase de alumnado, ¿crees que sabrán valorarte? ¿Los directores de la escuela sabrán recompensarte como te mereces?

---

44. *Schola pauperum* significa, en latín, «escuela de los pobres». Era cierto, los alumnos de la Escuela de Santo Tomás eran los más humildes de la ciudad. Todos estudiaban becados por el Concejo; era una forma de dar educación a personas que, de otro modo, hubieran acabado marginadas en las calles y desprotegidas de la asistencia más elemental.

—Hay que intentarlo, Magdalena. Aquí ya no nos necesitan ni nos tienen en cuenta. Además, nuestros hijos están creciendo en un ambiente que cada día me gusta menos.

A Bach se le hacía cada día más difícil su permanencia en Cöthen. ¡Cuánto sufrió el maestro durante esos meses hasta que, por fin, el veintidós de abril de 1723, el Concejo de la ciudad de Leipzig decidió otorgarle la plaza de cantor en la Escuela de Santo Tomás! Tendrían que transcurrir dos semanas aún hasta que se formalizara el contrato y tuviera lugar el nombramiento del nuevo músico.

Por fin llegaron a Leipzig en la última semana de mayo de 1723. En el acto de investidura del nuevo cargo, Bach firmó un largo contrato en el que destacaban las siguientes cláusulas:

«1º Dar buen ejemplo a los alumnos y enseñarles a vivir y a comportarse sobria y modestamente. Llegar puntualmente a clase y enseñarles a conciencia.

2º Dar lo mejor de sí mismo para mejorar la música en las principales iglesias de la ciudad. (…)

6º Con el objeto de evitar a las iglesias gastos superfluos, enseñar a los alumnos con profundidad no sólo la música vocal, sino también la música instrumental. (…)

7º Para la buena organización de estas iglesias, evitar que la parte musical sea demasiado larga o adquiera carácter teatral; por el contrario, procurar que estimule la devoción de los fieles. (…)

9º Tratar a los alumnos con simpatía y atenciones. En caso de desobediencia, castigarlos con moderación o notificarlo a quien corresponda.

10º Enseñar en la Escuela y cumplir a conciencia cualquier otra función que me corresponda.

11º En caso de no poder cumplir una de estas funciones, conseguir ser sustituido por una persona competente sin causar al Concejo o a la Escuela un gasto suplementario.

12º No abandonar la ciudad sin el permiso del Burgomaestre.»[45]

Tras este juramento, Bach debía renunciar, una vez más, a su libertad personal y se ponía al servicio, en esta ocasión, de señores eclesiásticos que sólo en contadas ocasiones sabrían comprenderlo y apoyarle. Aun así, ésta será la época más gloriosa del compositor y en la que alcanzará su máxima madurez y plenitud como músico.

A los pocos días de llegar a Leipzig, y viendo que Bach parecía un poco decepcionado, Magdalena le preguntó:

—Sebastian, pareces cansado, ¿acaso dudas de que te hayan hecho una buena oferta?

—La mejor oferta es haber tenido la oportunidad de abandonar Cöthen y venir aquí, pero las condiciones de trabajo no son muy buenas. Imagínate: esta escuela no ha tenido ninguna reforma desde que fue fundada hace doscientos años. Las mesas están carcomidas, los instrumentos que se rompen no se reparan. No compran nuevas partituras ni colecciones de música desde que el actual rector de la escuela, el señor Ernesti, llegó al cargo hace ya treinta años. Los chicos tienen que compartir las camas porque no caben en las dos únicas salas habilitadas como dormitorios. Algunos incluso tienen sarna...

---

45. Cfr. *Die kleine Chronik der Anna Magdalena Bach.*

—Sebastian, ¿y tú crees que en estas condiciones vas a poder trabajar?

—¿Sabes una de las pocas cosas que más me consuela? Estoy seguro de que nuestros hijos se educarán mejor en este ambiente y yo podré dedicarme más a ellos. Friedemann ya empieza a ser mayor y ya destaca entre sus compañeros como violinista. Emanuel también está dando grandes pasos y los pequeños podrán estudiar música que no sea exclusivamente de marchas militares.

—Eso es cierto. Además el pequeño que está en camino también nacerá y vivirá en un ambiente más familiar e íntimo que el que teníamos en Cöthen.

Era cierto, Magdalena estaba esperando su primer hijo y tanto a ella como a su marido les preocupaba muy seriamente la formación de sus hijos.

—Magdalena, no te lo he dicho pero hay otra cosa que también me reconforta de mi trabajo...

—¿De qué se trata?

—Es el órgano de la escuela. ¿Sabías que es uno de los mejores de Alemania?

—Alguna cosa había oído, pero tú nunca me habías dicho nada.

—Si quieres, esta tarde puedes acompañarme un rato mientras estudio y te demostraré cómo suena.

—Pues claro, Sebastian, nada me haría más feliz.

Realmente era la invitación que más feliz podía hacer a la esposa de Bach. Sentarse junto a él en el órgano y oírle tocar una pieza tras otra: fugas, preludios, melodías combinadas que parecían de otro mundo... A Magdalena, la ejecución y la composición de esas obras le parecieron siempre dones del cielo que Bach supo aprovechar al máximo. Cuántas veces, en la intimidad, Magdalena miraba en silencio a su marido y, en lo más hondo de su corazón, tenía conciencia clara de estar compartiendo su vida junto a un hombre tan eminente como bueno e íntegro. Sebastian, por su parte, encontró siempre un gran apoyo en ella. Ambos, unidos, tuvieron fuerza para llevar adelante a su familia y afrontar las fuertes incomprensiones que aún les quedarían por sufrir.

Empezó la semana y Bach se dispuso a dar su primera clase en la escuela.

—Sebastian, son las seis. ¿Preparo el desayuno y levanto a los chicos?

—Sí, Magdalena. También ellos tienen que ir a la escuela. Yo volveré a las tres para comer.

Las clases empezaban cada día a las siete de la mañana y acababan a las tres de la tarde. Entre las diez y las doce había una pausa que Bach aprovechaba para corregir ejercicios y descansar un poco. Siempre, a primera hora tenían clases de latín. Eso era una de las cosas que más desagradaba a Bach. De hecho, con el tiempo, acabó consiguiendo que los señores del Concejo nombraran a otro profesor para ejercer esa función.

Los lunes, martes y miércoles daba clases de canto; los jueves y viernes ensayaba los oficios religiosos del domingo y por las tardes tenía un rato libre hasta las siete, que era la hora en que empezaba la ronda para acostar a los chicos y asegurarse de que todo quedaba recogido antes de las ocho y media de la tarde, que era la hora de apagar las luces en los dormitorios.

De toda esa organización, lo que más molestaba a Bach era la imposición de tener que convivir con los alumnos y dormir en la escuela durante la semana para garantizar la vigilancia de los estudiantes y el cumplimiento del horario. Sólo disponía de algunos ratos por las tardes y de los domingos para dedicarlos plenamente a su familia. Entonces, se volcaba en sus hijos y en su esposa. Tocaban y cantaban juntos canciones y melodías populares, mientras los más pequeños iban aprendiendo las primeras nociones de música.

—Magdalena, ¿qué te parece si el próximo domingo nos vamos de paseo por la parte vieja de Leipzig?

—Muy bien, Sebastian, nos llevaremos a los dos pequeños, que todavía no han visitado ni el castillo ni el mercado. Por cierto, ¿qué tal te ha ido esta semana?

—Algunos alumnos me hacen sufrir. Son muy groseros e impacientes y pierdo tantas energías en educarlos que pienso que en vez de ser el cantor y profesor de música de la escuela soy el tutor y padre adoptivo de esos chicos.

Era cierto, el nivel del alumnado de la escuela también había decaído mucho en esos últimos años. La mayoría de los alumnos estudiaban con beca y otros eran huérfanos que eran recogidos por la Escuela de Santo Tomás para procurarles una enseñanza mínima. Estos últimos eran conscientes de la ocasión que se les brindaba para no andar deambulando por las calles, pero no tenían ningún interés en recibir instrucción alguna, y menos aún de carácter musical. Además, bajo la dirección del señor Ernesti, las horas de canto se habían fijado a continuación de la comida, pues él creía que, después de dar gloria a

Dios, la música debía servir para hacer bien la digestión. Esto era una demostración más del poco aprecio por el ambiente musical que había en la escuela antes de la llegada de Bach.

Su esposa, con la intención de animarlo, preguntaba a su marido:

—A pesar de todo, Sebastian, seguro que en ese órgano y pudiendo escribir música para cantatas encontrarás cierto alivio de esas otras obligaciones, ¿no lo crees así?

—Es cierto, además puedo dirigir la música de las principales iglesias de la ciudad. Esto sí me da cierto consuelo. Sin embargo, el sueldo...

—El sueldo no es muy bueno, cien táleros al año es muy poco para sacar adelante a nuestros hijos.

—El señor Weisse, el representante del Concejo, me ha dicho que incrementarán mis ingresos con los encargos de bodas, bautizos, entierros... Me ha dicho que con eso podemos llegar a seiscientos o setecientos táleros al año.

—Sin embargo yo pienso que el señor Weisse y su Concejo deberían pagarte mejor en lugar de aumentarte el trabajo y la dedicación a sus iglesias y a su escuela. Aquí te veo mejor que cuando estábamos en Cöthen, pero también te hacen trabajar el doble y eso no me parece bien.

—Es cierto, Magdalena, yo tampoco estoy contento; sin embargo tengo dos buenas noticias que comunicarte.

—Dime.

—He recibido la visita de un alumno del norte de Alemania que quiere que le dé clases particulares. Ya es el segundo en una semana. Quizá con eso y con los ingresos extras podremos vivir un poco más desahogados e incluso buscar a alguien que te ayude en las tareas de la casa. Además, mira, he empezado a escribir una obra y estoy ansioso por mostrártela.

—¿Una nueva obra? ¿De qué se trata?

—Bueno, en realidad son dos, *La Pasión según San Mateo* y *La Pasión según San Juan*, ¿quieres leer estas partituras a ver qué te parecen?

—Pues claro, Sebastian, esto sí me hace feliz: comprobar que a pesar de todo tienes tiempo para seguir creando y componiendo música.

—Mira, Magdalena, mira estas partituras. Ven, te lo demostraré en el órgano de la iglesia.

En ese instante, Magdalena dejó lo que hacía y se fue junto a su marido para escuchar los primeros acordes de *La Pasión según San Mateo*.

¡Qué obras tan sublimes habrían de nacer de ese órgano! *La Pasión según San Mateo* y *La Pasión según San Juan*, *Oratorio de Navidad* y la que fue una de sus obras predilectas: *Misa en si menor,* que compuso a lo largo de veinticinco años de su vida y retocó en tantas ocasiones. Además, numerosas cantatas, motetes y preludios, son algunos ejemplos de la riquísima producción musical de esos años.

A pesar de la gran falta de medios y de las incomprensiones a las que se tuvo que seguir enfrentando, Bach iba incrementando de día en día su fama y cada vez iban llegando más alumnos para solicitarle clases. También le seguían visitando músicos procedentes de toda Alemania y de otras partes de Europa. Ya por entonces empezaba a ser conocido como «la gloria de Leipzig».

Las clases particulares

Los apuros económicos de la familia se aliviaron con la llegada de alumnos que solicitaban clases al cantor de la Escuela de Santo Tomás. Todos querían decir que habían sido alumnos de «Bach en Leipzig» y que éste les concediera el certificado de clases para acreditarse como músicos.

Bach tuvo que realizar un gran esfuerzo para encontrar tiempo y dedicación a esa nueva tarea. Le parecía de sumo interés formar a cada alumno en particular, según sus condiciones personales, para sacar lo mejor de cada uno de ellos. Lo único que exigía para aceptarlos en clase era que tuvieran verdadero interés por la música, humildad para aprender y dedicación plena, al menos durante el primer año de estudio.

Por otra parte, a Bach le encantaba este trabajo. Ya tenía cierta práctica con las clases de educación musical que había impartido a sus hijos desde la infancia.

Entre las clases particulares y los ensayos del coro, Sebastian no perdía ocasión para dedicarles más tiempo o sentarse a escribir música.

—Emanuel, hijo mío, préstame tu pluma.

Bach anotaba una serie de correcciones sobre el papel de música de Emanuel y a continuación le decía:

—¿Qué te parece si intentásemos ejecutar la partitura de este modo?

Y Emanuel reproducía en el clavicordio las notas que su padre le había sugerido para mejorar la posición de sus manos y el movimiento de los dedos sobre el teclado.

En ocasiones, mientras Magdalena realizaba las tareas del hogar y sus hijos estaban en la escuela, Sebastian copiaba las voces de una cantata o componía algún estudio sencillo para sus alumnos. De repente, le llegaba la inspiración, cogía una hoja de papel en blanco y empezaba a escribir y escribir música sin interrupción durante un rato. Después, levantaba la vista y, llamando a su esposa, le decía:

—Mira, Magdalena. ¿Qué te parece esto que he escrito?

Otras veces, sin embargo, la inspiración se agotaba o se resistía. Entonces, se sentaba al clavicordio o al órgano, tocaba alguna pequeña composición de Buxtehude o de Pachelbel, o bien de su tío Christoph Bach, y empezaba a escribir alrededor de doce o catorce compases, tachaba con la pluma lo que acababa de escribir; luego, apoyaba la cabeza en sus manos y permanecía inmóvil y silencioso durante unos minutos, meditando; de pronto, levantaba la cabeza y exclamaba sonriente:

—¡Claro! ¡Así es como debe ser! —Y seguía escribiendo.

Alguna vez, cuando finalizaba el trabajo, su esposa le confesaba:

—Sebastian, ¿qué tiene tu música que es lo único que me devuelve la paz y me llena el espíritu?

—¿De veras te gusta, Magdalena?

—Cuando me preocupo por el trabajo de la casa, la educación de nuestros hijos, los táleros que necesitamos para salir adelante... entonces, me basta tomarme un instante de libertad para escucharte en el órgano o ver cómo ejecutas alguna de tus cantatas o un motete y ya me parece que estoy yo también ahí, en tu corazón, sintiendo la paz y la belleza que reflejas en tu música.[46]

Esa admiración que su esposa y sus discípulos sentían por él no era compartida por todos los alumnos de la escuela, quienes en más de una ocasión no le correspondieron con el respeto que merecía, a pesar de su dedicación abnegada y su entrega. En cierta ocasión, por ejemplo, tuvo un enfrentamiento con un chico venido del sur de Alemania precisamente por no cumplir las pocas condiciones que exigía el maestro a los que querían ser discípulos suyos:

—Thomas, aquí tiene este estudio para clavicordio que he preparado para que adquiera ligereza en los dedos: debe ejecutarlo en el tiempo y la forma que yo mismo le indico en la partitura. Puede trabajarlo durante esta semana y el próximo lunes lo vemos juntos.

Transcurridos cinco días, el estudiante tocó la pieza en un tiempo distinto al que Bach le había indicado y con una colocación de dedos completamente diferente a la que su maestro le había mostrado. El estudiante, dirigiéndose entonces a él, le dijo:

---

46. Cfr. *Die kleine Chronik der Anna Magdalena Bach.*

—Me parecía, señor, que así sonaba mejor, y el modo que me indicó de colocar el pulgar me resulta tan difícil que he preferido colocarlo a mi manera.

—Por lo que veo, señor Thomas, está usted demasiado adelantado para que yo le dé lecciones —contestó Bach. Quizá sepa usted mejor que nadie cómo tiene que tocar el instrumento y cómo tiene que interpretar estas piezas.

—Pues, pensándolo bien, honestamente creo que tengo bastante intuición e inteligencia musical.

—Pues, en ese caso, quizá lo mejor es que esta lección sea la última.

—¡Ah! —le respondió el estudiante—. ¡Creí que aún podría enseñarme usted algunas cosas más!

Pero a Bach le sobraban alumnos y le faltaba tiempo, así que decidió no seguir dándole más lecciones.

El maestro multiplicaba su paciencia con los alumnos cuando los veía verdaderamente interesados en aprender. Qué diferentes fueron las clases con personas como Johann Philipp Kirnberger, Enrique Gerber, Johann Louis Krebs o Paolo Cavatini, entre otros.

Incluso con sus propios hijos se volcó hasta hacer de ellos verdaderos músicos, especialmente con los dos mayores. A todos enseñaba las reglas elementales de la armonía o a tocar el bajo cifrado y la colocación correcta de los dedos en el clavicordio. Su método era muy diferente al clásico y se alejaba de la rigidez de las reglas de otros maestros.

Empezaba por la armonía a cuatro voces con un bajo cifrado y hacía que cada alumno escribiese primero cada voz en una hoja aparte. Así conseguía que distinguieran, sin confundirlas, cada una de ellas. Cada voz tenía que formar una línea melódica en la que cada nota tenía su propio significado e interés. Después, poco a poco, iba enseñando el contrapunto, el arte de la fuga, a tocar el bajo cifrado, y así, hasta el dominio total y la ejecución perfecta en el instrumento. Él mismo, con frecuencia, les decía:

—El bajo cifrado es el fundamento más perfecto de la música. Con la mano izquierda se tocan las notas escritas, mientras que la derecha añade las consonancias y disonancias, lo que produce una agradable armonía en honor de Dios y para el legítimo júbilo del alma.[47]

A veces, en esas clases, escribía pequeños estudios o improvisaba música para facilitar a sus alumnos que le pudieran seguir desde el punto exacto en el que cada uno se había quedado.

El maestro producía en sus alumnos tanto respeto y temor como admiración y cariño. Muchas fueron las anécdotas que se vivieron en la casa de los Bach con ocasión de estas clases particulares, pero probablemente una de las más sorprendentes fue la que protagonizó en cierta ocasión Paolo Cavatini.

Cavatini era un joven italiano, apasionado y excéntrico que, cuando Bach no estaba satisfecho del trabajo que realizaba, se tiraba al suelo y lloraba como un crío desconsolado. Cierto día, subió corriendo las escaleras, entró en el dormitorio de su maestro y se tiró al suelo cuan

47. Cfr. *Die kleine Chronik der Anna Magdalena Bach.*

largo era. Allí se encontraba Magdalena, que pensó que podía estar enfermo. Cavatini se la quedó mirando fijamente y dijo en tono de gran excitación:

—¡Estás aquí sentada cosiendo y no sabes que tu marido ha compuesto una música que haría inclinar la cabeza a los ángeles del cielo! ¿Realmente le amas? ¿Le entiendes? ¡Pero qué mujer podría comprenderle! ¡Zurce su ropa y prepárale la comida, que es lo mejor que puedes hacer por él!

—Paolo —replicó Anna Magdalena—, es inadmisible que hables de esta manera a la esposa de tu maestro. Le amo y le entiendo mejor de lo que tú crees.

—Perdóname —suplicó Paolo. En aquel instante, Anna Magdalena lo vio pequeño y le dio lástima—. No sé lo que me digo —continuó—. Esta música me transporta más allá de la razón, y la amo tanto que hasta me produce dolor.

Al oír esto, Anna Magdalena cambió su semblante, lo miró con gran ternura y, besándole en la frente, le dijo:

—Conozco muy bien ese sufrimiento, querido Paolo.[48]

El apasionado estudiante vivió poco tiempo junto a su maestro porque las heladas del invierno alemán le ocasionaron un grave enfriamiento y acabó muriendo de pulmonía justo antes de la llegada de la primavera. Bach se entristeció mucho con la desaparición de Paolo.

Durante las semanas transcurridas antes de su muerte, pasó horas junto a la cama del enfermo con una partitura sobre las rodillas para trabajar en cuanto la mano

---

48. Cfr. *Die kleine Chronik der Anna Magdalena Bach.*

del moribundo soltaba la suya. Sebastian le comprendía mejor que nadie y, en cierta ocasión, confesó a su esposa:

—Ese chico tenía alma de músico y de poeta, era un verdadero genio. Temo que hemos perdido un Scarlatti.[49]

Las clases prosiguieron y los alumnos seguían llegando. Era frecuente que esos chicos se hospedasen en casa de su profesor mientras duraba su instrucción, así que la casa de los Bach era un permanente bullicio de chiquillos y muchachos que, mientras jugaban y hacían sus deberes, aprendían tocando los numerosos instrumentos de la colección que Bach había ido formando desde sus primeros años de organista.

El trabajo era abundante; Bach parecía sacar tiempo de donde no había. Tan sólo una cosa le restaba fuerzas: las incomprensiones de sus superiores y las rigideces del entonces rector de la Escuela de Santo Tomás, el señor Ernesti.

---

49. Scarlatti era un famoso compositor y organista italiano, y fue el máximo representante de la llamada escuela napolitana.

Los primeros enfrentamientos en Leipzig

Si bien era cierto que cuando Bach llegó a Leipzig ya tenía fama en casi toda Alemania y empezaba a ser conocido en algunos ambientes musicales europeos, esta fama no le sirvió de mucho a la hora de exigir algunas condiciones mínimas de trabajo y un sueldo parecido al que tenía en Cöthen. Y lo peor no era eso: los recelos, las envidias y la ignorancia de algunos miembros del Concejo le obligaron, en más de una ocasión, a tener que sufrir frecuentes incomprensiones tanto en su vida personal como en su trabajo.

Cierto día, mientras ensayaba en el órgano una de sus cantatas para los oficios del domingo siguiente, se acercó un miembro del Concejo, el señor Rosenberg, y con sarcasmo le preguntó:

—Maestro Bach, ¿podría enseñarme el texto de lo que está escribiendo?

Pocas cosas molestaban tanto a Bach como las interrupciones mientras trabajaba. Entonces, conteniendo su fuerte temperamento, pero con gran claridad, respondió a su interlocutor:

—Pues no, no señor. No se lo puedo enseñar porque todavía no está escrito.

—¿Qué significa eso? ¿Acaso se niega a mostrarme su trabajo?

—Señor Rosenberg, lo que he querido decir es que estoy improvisando sobre un tema que no acabo de ver claro, y hasta que no lo vea claro no pienso escribir ni una nota.

—¡Insisto en que me explique qué se propone con estas fugas y con esta armonía tan complicada!

—Señor Rosenberg, esto es un simple estudio, variaciones de un tema que ni siquiera estoy seguro de que vaya a ser el definitivo.

—¡Pues, en todo caso, tenga claro que le exigimos una composición musical sencilla, que no dure demasiado tiempo y que no resulte tan operística![50]

Y es que Bach, cuando se sentaba al órgano para estudiar o para componer, se evadía de toda regla e imposición. Escogía un tema y lo tocaba transformándolo de diferentes maneras hasta multiplicar sus posibilidades de forma casi infinita. Introducía variaciones y combinaba registros interpretándolo primero como un trío, después como un cuarteto, después como un quinteto y así varias veces hasta concluir en un *tutti*, a pleno órgano, con una

---

50. Así calificaban algunos miembros del Concejo de Leipzig las cantatas y las pasiones que Bach escribió durante esos años. Esto da idea de lo mucho que tuvo que sufrir mientras que, semana tras semana, debía soportar el control del Concejo de la ciudad y, domingo tras domingo, tenía que oír su música ejecutada de forma inadecuada por unos alumnos que formaban parte del coro porque no les quedaba otro remedio. Cfr. Klaus Eidam, *La verdadera vida de J. S. Bach*, pp. 184-186.

fuga magistral que retomaba el tema inicial para dar fin a la pieza.

Su dominio del contrapunto y de la armonía era total. Sin embargo, las personas que le habían contratado veían en eso cierto exhibicionismo y teatralidad. Especialmente durante esos primeros años en Leipzig y en repetidas ocasiones, le obligaron a corregir su música para cantatas. Con el transcurso de los años, en cambio, acabaría escribiendo obras maestras sin ahorrarse ningún tipo de expresión mal calificada entonces por algunos de teatral, como *La Pasión según San Mateo* y *La Pasión según San Juan*, el *Magnificat*, por el que tuvo algún que otro disgusto,[51] o la *Misa en si menor*, que todavía le ocasionó mayores críticas entre algunos sectores radicales.[52]

El ambiente de la escuela y las clases con los chicos no resultaba mejor que el que se respiraba con los miembros del Concejo. La convivencia era dura y la enseñanza en unas condiciones tan precarias resultaba difícil para todos. Bach empezaba a notar el cansancio y el rector, el señor Ernesti, en lugar de apoyarlo, cada día le exigía con mayor rudeza:

---

51. Esta obra la compuso el primer año de su estancia en Leipzig, durante 1723. Aunque las autoridades protestantes admitían en contadas ocasiones obras inspiradas en textos católicos, Bach tuvo que enfrentarse a las autoridades del Concejo, que le acusaron de «excederse» por no respetar las normas y las condiciones que imponían ellos en la composición e interpretación de estas obras. Bach, de hecho, la compuso pensando en que pudiera ser interpretada en cualquier época del año y no sólo cuando el Concejo dispusiera.

52. Aunque no sepamos realmente qué motivó a Bach a escribir esta obra inspirada en la liturgia católica, lo cierto es que él mismo la consideraría al final de su vida una de sus obras más grandes, en contra de la opinión de otros que la designaron despectivamente como la «misa papista». Él mismo tuvo que soportar varias críticas por parte de algunos protestantes radicales.

—Señor cantor, en mi última inspección[53] noté cierto desorden y alboroto entre sus alumnos. ¿Me podría explicar qué está pasando en sus clases de latín y de canto?

—Disculpe, señor Ernesti, pero no entiendo a qué se refiere exactamente. Los alumnos siguen sus lecciones y si no avanzamos más deprisa es porque no podemos hacerlo. Los chicos proceden de ambientes muy dispares y me supone un gran esfuerzo organizarlos en el coro cuando ellos mismos carecen de todo interés por la música y no existe una selección adecuada de voces.

—Sabe de sobras que tal selección va en contra de la filosofía de nuestra escuela. En Santo Tomás recogemos a todos estos chicos sin recursos para darles una instrucción mínima que, de otro modo, no podrían recibir.

—Lo sé, señor, y me parece muy bien esa filosofía, pero ¿qué tiene eso que ver con que no se puedan seleccionar las voces para formar un coro bien instruido?

—¡Pues no me va a decir ahora que me va a enseñar cómo gobernar la escuela! ¿Pretende acaso cambiar los principios que desde hace doscientos años vienen constituyendo la esencia de nuestro espíritu? ¡Seguramente está usted comparándonos con la Escuela de San Nicolás,[54] y si es así, creo, señor Bach, que se ha equivocado de camino y que debería replantearse su trabajo con nosotros!

---

53. Cada cuatro semanas tenía lugar la inspección de las clases, y si algo no funcionaba conforme a las reglas, el cantor podía incluso ser sancionado o reprendido delante de sus alumnos.

54. La escuela de San Nicolás era la más prestigiosa y selecta de Leipzig. Allí sólo se podían matricular chicos procedentes de familias ricas que, en ocasiones, hasta se permitían el lujo de contratar a profesores particulares para mejorar su preparación académica.

Esta frase no era una invitación al despido. Los miembros del Concejo no valoraban a Bach como se merecía, pero no eran tan ingenuos como para prescindir de su talento. Lo que pretendían era que él aceptara las condiciones impuestas por el rector y que no exigiera más de lo que éste estaba dispuesto a darle.

Pero las quejas de Bach estaban totalmente justificadas. El coro de la escuela lo componían el medio centenar de alumnos que vivían y estudiaban allí mientras Bach ocupó el puesto de cantor. Chicos maleducados, sin disciplina, a los que no les importaba la música, ni las lenguas antiguas, ni casi nada que no fuera jugar y divertirse.

Cuántas veces Bach llegaba a su casa rendido, buscando el silencio de la alcoba y la compañía de su fiel esposa. Entonces, tras descansar un poco, y tomar lo que Magdalena le había preparado, leía durante unos minutos alguno de sus libros preferidos sobre teología o historia, y a continuación, casi por inercia, cogía unas cuantas hojas de papel pautado, se concentraba y empezaba a escribir música con la misma facilidad con que la interpretaba al clave o al órgano a los pocos minutos de haberla escrito. Otras veces, en cambio, pedía a Magdalena que le trajera alguna obra de su admirado Buxtehude o de Pachelbel y se sentaba al clavicordio. Entonces empezaba a tocar, improvisando unas veces y, otras, siguiendo fielmente el texto de la partitura. Al poco rato, Bach parecía haberse transformado en una persona radicalmente distinta a la que tan sólo una hora antes había entrado por la puerta.

—Sebastian, ¿te sientes mejor ahora? —le preguntaba su mujer.

103

—Sí, gracias, Magdalena. Es que me cuesta mucho esfuerzo sufrir la incomprensión del rector y enfrentarme solo al trabajo de educar a esos chicos.

—¿Por qué no pides que te sustituyan en tus clases de latín? Al fin y al cabo tú eres maestro de coro.

—Ya lo he hecho y me han dicho que lo pensarán, pero en ese caso sería a cambio de una reducción en el sueldo...

—No es justo, Sebastian. Trabajas hasta altas horas de la noche y te levantas muy temprano. Diriges la música de cuatro iglesias en Leipzig y tienes que escribir cantatas nuevas para cada una de ellas semana tras semana. No pueden pedirte que renuncies a una parte de tu sueldo sólo porque les solicitas que te sustituyan en las clases de latín.

—Pues es así. El Concejo sólo piensa en ahorrarse dinero y no quiere invertir en las reformas necesarias para las instalaciones de la escuela, ni en comprar más libros para la biblioteca, ni en nuevas colecciones de música y, menos aún, en mejorar mis condiciones de trabajo allí.

—¡Pero si ya han transcurrido cerca de dos años desde que llegamos a Leipzig y tú jamás les has pedido nada, ni has escatimado ningún esfuerzo en tus tareas!

—Lo sé, Magdalena. Menos mal que tenemos las clases particulares y que entre bodas, bautizos y entierros, podemos conseguir los ingresos necesarios para alimentar y educar a nuestros hijos.

—Sí, pero tú deberías descansar un poco más y tener otro reconocimiento por parte de los señores del Concejo y del rector Ernesti.

—No pienses en ellos ahora. Ven, acompáñame, me gustaría enseñarte esta nueva pieza que he compuesto para clavicordio. Sabes que, después del órgano, éste es el instrumento que más me gusta, pero... ¿a que no sabes cómo me gusta describir su sonido?

—No, Sebastian.

—Me gusta decir que el sonido de este instrumento es el consuelo del triste y el amigo del alegre. ¿Te parece adecuado?

—Sí, Sebastian, me parece muy adecuado.

Así, relajado con la compañía de su esposa y la interpretación de algunas obras musicales, regresaba al día siguiente a la escuela o a sus clases particulares y, una vez más, se entregaba al máximo para componer, tocar y enseñar música.

A pesar de las incomprensiones de esos primeros años por parte de algunos miembros del Concejo de la ciudad y de los que dirigían la escuela, había algo que reconfortaba y animaba profundamente a Bach. Se trataba de los alumnos del coro de la Universidad de Leipzig. En ese ambiente, Bach gozaba de auténtico reconocimiento y admiración. Probablemente, después de los alumnos que acudían a sus clases particulares, eran éstos, los estudiantes universitarios, quienes más valoraban sus enseñanzas. Tan sólo existía un problema. La Universidad dependía directamente del rey y del Consistorio[55] de la ciudad. Es decir, se trataba de una institución civil que se escapaba

---

55. El Consistorio representaba el poder civil en la ciudad. Era independiente del Concejo y nombraba a sus propios funcionarios, regidores y otros órganos de gobierno que garantizaban el control político y militar. En la época en que vivió Bach los enfrentamientos entre uno y otro llegaron a ser muy radicales y tuvieron consecuencias nefastas para el maestro.

al control del Concejo y de la autoridad eclesiástica. Esto, en otras épocas de la historia, no habría supuesto mayor problema y Bach hubiera podido impartir clases también en la Universidad si así se lo hubieran pedido, pero en aquel momento, Concejo y Consistorio eran dos órganos de poder independientes e incluso, en ocasiones, muy enfrentados entre sí.

Una vez más, Bach tenía que someterse con resignación a las circunstancias políticas y religiosas imperantes en Alemania y obedecer, con gran paciencia, las condiciones que le imponían sus superiores.

Tuvo toda la paciencia que pudo hasta que, cierto día, cansado por la fatiga del trabajo con los chicos del coro de Santo Tomás y las arbitrariedades del señor Ernesti, se decidió a escribir una carta al rey, Federico Augusto II, solicitando su mediación para permitirle dirigir el *Collegium Musicum*[56] de la Universidad.

«A mi Rey y Príncipe elector:

Respetando el actual orden de las autoridades que gobiernan nuestra ciudad y reconociendo mi lealtad a los miembros del Concejo por el cargo de cantor de la Escuela de Santo Tomás del que soy titular, solicito de vuestra benevolencia me conceda el favor de participar en la dirección del coro de la Universidad y colaborar con mi música en la organización

---

56. El *Collegium Musicum* venía a ser como el coro de la Universidad. Este coro gozaba de gran prestigio en la ciudad. Estaba formado por voces privilegiadas y sus alumnos admiraban profundamente a Bach. El director del *Collegium Musicum* se encargaba también de la dirección de toda la música que tenía lugar en la Universidad y suponía un reconocimiento y una fama ajenos a lo que Bach podía aspirar como cantor de la Escuela de Santo Tomás.

de los oficios divinos y las festividades de esta honorable institución.»[57]

Cuando las autoridades del Concejo tuvieron noticia de la carta que Bach había dirigido al rey le llamaron inmediatamente.

—¡Señor cantor, hace sólo dos años que está usted en nuestra ciudad y ya le parece que puede dirigirse al rey solicitando favores especiales! ¿Le parece que está usted en condiciones de enfrentarse al Concejo de la ciudad, que es la institución de la que usted depende?

—Señores, yo no pretendía solicitar privilegios especiales ni desobedecer a las autoridades del Concejo. Tan sólo quería participar de algún modo en las actuaciones musicales que se llevan a cabo en la Universidad...

—¡Pero sabe de sobras que en su contrato figura la renuncia explícita a llevar a cabo cualquier actividad que no sea su dedicación exclusiva a la escuela y a las iglesias de Santo Tomás, San Nicolás, San Pedro y la iglesia nueva!

—Lo admito, señorías; aun así pensé que, con ocasión de las próximas fiestas de Pascua y del acto de homenaje en honor del profesor Kortte, yo también podría colaborar de algún modo...

—¡Usted no puede, de ningún modo, colaborar en actividades organizadas por instituciones que dependan de la jurisdicción del Consistorio de esta ciudad!

---

57. El texto de la carta es apócrifo, pero se conoce con exactitud la fecha y el lugar en el que Bach lo escribió confiando en que el propio rey atendiera a sus peticiones. El rey recibió y mandó dar respuesta a la solicitud de Bach, pero éste nunca la llegó a recibir y nunca pudo, por tanto, cumplir su deseo. Cfr. Klaus Eidam, *La verdadera vida de J. S. Bach*, pp. 155 y 156.

Y así acabó la discusión por el momento. Era cierto que el nombramiento de cantor de la Escuela de Santo Tomás incluía la prohibición expresa de trabajar o prestar servicios en otras instituciones que no dependieran directamente del Concejo y, menos aún, en aquellas que dependían del Consistorio, como las ferias, los mercados o la propia Universidad. Éstas tenían sus propios músicos y maestros, de modo que Bach se tuvo que resignar de nuevo y seguir con sus clases en la escuela y con la dirección de un coro mediocre e indisciplinado. A pesar de eso, y de forma muy excepcional y única, a Bach se le concedió la dirección del *Collegium Musicum* de la Universidad años más tarde, en 1741, en sólo dos ocasiones puntuales.

La Asociación Musical

Transcurrieron cuatro años y el ambiente de la escuela de Santo Tomás no mejoraba. Bach llegó a escribir a un amigo suyo, Jorge Erdmann, para plantearle la posibilidad de buscar una plaza de organista en algún lugar de Rusia.

Entonces Erdmann había sido nombrado cónsul ruso en Danzig, tenía gran influencia ante el monarca y sabía que éste hubiera accedido sin demora a conceder una plaza de músico a Bach.

—Magdalena, por fin he escrito a Erdmann para que me ayude a buscar alguna plaza de organista en Rusia. Mira, me limito a explicarle la verdad, ¿quieres leer la carta a ver qué te parece?

—¡Claro, Sebastian! Déjame ver.

Bach le enseñó la carta a su esposa y ella se quedó asombrada, por la descripción tan cruda y real que su marido hacía de la situación:

«Querido Erdmann:

Te escribo aprovechando unos minutos entre ensayos para manifestarte mi actual situación y pedirte, desesperadamente, tu ayuda. Desde que llegué a Leipzig tengo que vivir sopor-

tando a autoridades de humor extravagante que favorecen poco la música y con las cuales debo vivir en estado de perpetua contradicción, siempre perseguido y rodeado de envidiosos...»[58]

—Quizá te parecerá un poco descabellado que le cuente las cosas de este modo...

—No, Sebastian. Eres sincero. Muestras tu angustia a un amigo para que te ayude y, por lo demás, si tenemos que trasladarnos a Rusia para que tú te encuentres mejor, pues lo hacemos. Lo que tú decidas.

—Es que aquí es tan difícil... El señor Ernesti lleva cuarenta y ocho años como rector de la escuela y no ha hecho ningún cambio a mejor desde que fue nombrado para este cargo. Es tan difícil hacerles comprender que la música es otra cosa radicalmente distinta de lo que ellos creen...

—Lo sé, querido. Parece que no aprecien tu esfuerzo y tu dedicación. Además, hace dos años que no te aumentan el sueldo, desde que sucedió el incidente con la Universidad...

—No sólo no me aumentan el sueldo a mí, sino que se niegan a invertir ni un tálero más en mejorar las condiciones de vida de los chicos...

Eso era muy cierto. Bajo el mandato del señor Ernesti, el Concejo había ido recortando sus ayudas a la escuela

---

58. Este dato está ampliamente documentado en todas las biografías de Bach, y se conoce con exactitud el texto de la carta a Erdmann escrita en momentos de máxima desesperación. Cfr. Marcel Brion, «Su vida: una partitura magníficamente escrita», p. 21, en la obra colectiva *Johann Sebastian Bach* (pp. 7-25), Fabril Editora, Buenos Aires, 1962; y Klaus Eidam, *La verdadera vida de J. S. Bach*, p. 189, entre otras obras.

y ya no sólo no reparaban los instrumentos que se iban rompiendo o se negaban a comprar nuevas partituras de música, sino que, además, se había incrementado el número de alumnos matriculados en la escuela y ya no cabían en las salas que estaban habilitadas para dormitorios.

Los chicos tenían que compartir hasta las camas. Muchos enfermaron por contagio y algunos incluso llegaron a morir de neumonía.[59]

En esas circunstancias, Bach sentía más que nunca su agotamiento y su impotencia. Tenía entonces cuarenta y dos años y estaba en la plenitud de su genio creador y de su fama como organista. Sus superiores, en lugar de reconocerlo y valorarlo como se merecía, se dedicaban a obstaculizar su trabajo y a regatearle recursos económicos y humanos. Él sólo quería que le dispensaran mejores condiciones de trabajo y un trato más justo para los alumnos.

Cuando parecía que nada tenía solución, de repente, sucedió algo que contribuyó a mejorar un poco las condiciones de vida del maestro.

A mediados de marzo de 1729 encargaron a Bach la dirección de la Asociación Musical de la ciudad de Leipzig. Esta sociedad de músicos era una institución de reconocido prestigio en toda Alemania. Fue fundada por Telemann y reunía en torno a sí a un nutrido grupo de músicos alemanes y extranjeros que mostraban las nuevas influencias de la música francesa e italiana. Bach dirigió esta institución hasta poco después de 1740, a excepción de una breve interrupción entre 1737 y 1739.

---

59. Cfr. *Die kleine Chronik der Anna Magdalena Bach.*

Esto permitió a Bach participar en otros ambientes musicales y reforzar sus contactos con otros músicos. A través de la Asociación Musical organizaron magníficos conciertos e intercambiaron conocimientos, influencias y estilos. También los discípulos de Bach seguían sus principales actividades en el seno de la Asociación, asistiendo como oyentes o como intérpretes a alguna de esas sesiones.

Se acercaba el verano y los alumnos le preguntaban ansiosos:

—Maestro, ¿cuándo serán los próximos conciertos?

—En los meses de verano. Se celebrarán todos los miércoles de cuatro a seis de la tarde en el jardín del señor Zimmermann. Su casa es grande y podrá acoger a mucha gente, incluso a visitantes que vengan a pasar una temporada a Leipzig, además del público habitual de la ciudad.

—¿Y el próximo invierno?

—Seguramente los haremos en el Café Principal, por la noche, de ocho a diez. ¿Qué os parece?

—Muy bien, señor. ¿Piensa que acudirá mucha gente?

—Creemos que sí. Nuestra intención es tocar música de diversión, de puro deleite, que exprese también algunas influencias de italianos y franceses.

—Maestro, ¿podríamos tocar nosotros alguna pieza en esos conciertos?

—Enrique, todavía no. Aún no está suficientemente preparado. Johann Philipp, sí. Tú podrás acompañarnos. Lo harás tocando el bajo cifrado, puesto que ya dominas bastante bien la armonía.

Bach se estaba dirigiendo a dos de sus alumnos más aventajados: Heinrich Gerber y Johann Philipp Kirnberger. El primero procedía de Turingia y había ido a Leipzig a estudiar derecho. Tras conocer a Bach, decidió cambiar su orientación profesional hacia el estudio de la música. Johann Philipp Kirnberger era otro alumno adelantado que también pasaría a la historia como intérprete y músico famoso. Fue, precisamente, Johann Philipp Kirnberger quien, al finalizar su periodo de instrucción y al despedirse de la mujer de su maestro, le dijo:

—Señora, estoy seguro de que nunca volveré a experimentar la felicidad de estos meses. Estoy seguro de que nadie volverá a enseñarme más, después de haber estado asistiendo un año a las clases de su marido. Él ha encendido una llama en mi corazón y toda la música de este mundo ya no sonará para mí más que con su voz.

Magdalena, mostrándole su reconocimiento, le respondió:

—Gracias, Johann. Sabes que no dices nada que no sea verdad y sabes también que vosotros permaneceréis siempre en el corazón de vuestro maestro porque sois una parte importante de su vida y de su música.[60]

Por aquel entonces, Christian Henrici, más conocido como «Picander», se convirtió en uno de los más fieles seguidores y admiradores de Bach. Picander tenía fama de frívolo y superficial, y más de uno se extrañó al comprobar la relación de trabajo y amistad que llegó a unir a ambos, especialmente desde que Bach empezó a dirigir la Asociación Musical.

---

60. Cfr. *Die kleine Chronik der Anna Magdalena Bach.*

En cierta ocasión, Picander confesaba a Bach:

—Sebastian, me han dicho que mis escritos para música profana no gozan de buena fama.

—Christian, tú sabes que cuesta mucho trabajo abrirse camino en el ambiente musical. No puedes pretender contentar a todos con tu trabajo.

—Sí, pero a veces me hacen dudar de mí mismo. Yo he tenido que componer la música que me han pagado, ya fuera religiosa o profana, pero ni los príncipes ni las iglesias me han favorecido nunca. Ahora, gracias a ti, estoy ganando cierta fama como poeta, pero tengo muchos detractores...

—Christian, tú tienes talento, eso es lo único importante. Quizá estamos viviendo momentos de mucho cambio, de modas variadas y de muy diversas influencias, pero tú te has ganado tu propio espacio entre los músicos de Leipzig.

Bach conocía perfectamente la fama que Picander tenía de vulgar y tosco. También sabía que pasaba por momentos de escasez económica, de modo que, sin vacilar, le hizo una oferta:

—Christian, yo necesito un libretista[61] para una serie de cantatas y salmos que he compuesto. ¿Aceptarías escribir tú el texto de esas obras?

—Sebastian, ¿de veras me pides que colabore contigo?

—Poesía religiosa, Christian. Tú tienes capacidad para hacerlo y podemos dividirnos los ingresos que obtengamos.

---

61. Autor de libretos, es decir, de obras de carácter dramático escritas para ser interpretadas musicalmente, ya fuera en su totalidad o sólo en parte.

Picander se quedó pasmado ante el ofrecimiento:

—¿En serio crees que puedo escribir para ti?

—Si no fuera así no te lo estaría proponiendo.

—Pues, en ese caso, encantado, Sebastian. ¿Cuándo empezamos?

La amistad con Picander duró mientras vivió Bach. El cantor de Leipzig ayudó a su amigo mientras pudo y gracias a él, Picander consiguió algo de fama, trabajo y dinero. El texto de esas obras estaba destinado principalmente para las cantatas que Bach tenía que presentar domingo tras domingo en las cuatro iglesias principales de Leipzig, y se inspiraba en la liturgia luterana. Éstos, sin embargo, no fueron los últimos trabajos que Christian Henrici realizó para Bach. También colaboraron juntos en obras de carácter profano y popular, como por ejemplo la divertida y alegre cantata de *Febo y Pan,* que fue ejecutada por la Asociación Musical en 1731. Cuando se estrenó, uno de los concejales de la ciudad, dirigiéndose a Anna Magdalena, le dijo:

—Señora Bach, la felicito por la obra de su marido. No sabía que pudiera escribir música de este estilo; pensaba que el señor cantor no componía más que música sacra.

—¡Porque no lo ha visto en casa, señor Concejal! —respondió Anna Magdalena—. Allí compone todo tipo de música, incluso canciones cómicas para divertir a sus hijos y enseñarles el arte de la improvisación.[62]

Era cierto. En casa de los Bach, casi a diario, se reunían para tocar música juntos, improvisar canciones pegadizas

---

62. Cfr. *Die kleine Chronik der Anna Magdalena Bach.*

y melodías simples o pequeños minués que entretenían a los pequeños mientras jugaban con su padre en el salón o los tenía sentados sobre sus rodillas. Ese era, precisamente, uno de los ratos más esperados del día, aunque también a veces Bach llegaba tan cansado a su casa que pedía disculpas a sus hijos y a sus discípulos y se retiraba a descansar. Entonces, su esposa se acercaba a verlo y lo animaba con gran delicadeza:

—Sebastian, me han dicho que los alumnos de la Asociación te han mandado una carta para manifestarte su admiración por tus últimas obras.

—Es cierto, Magdalena, pero ya sabes que la admiración de esos chicos no la tienen en cuenta los miembros del Concejo y menos aún el señor Ernesti. Yo sigo dependiendo, inevitablemente, de su autoridad.

—No sufras, Sebastian, tarde o temprano cambiarán las cosas y tú tendrás el lugar que te mereces.

—Mientras las autoridades del Concejo y de la escuela no cambien, dudo mucho que mejoren nuestras condiciones. Lo siento, Magdalena, pero no puedo ser optimista. De todas formas, quienes de verdad me preocupáis sois tú y nuestros hijos: que todos lleguen a alcanzar un buen empleo y tengan asegurado el futuro.

Y eso era lo que realmente, en el fondo de su corazón, más preocupaba a Bach. Él nunca buscó el aplauso de la gente ni se derrumbó ante la falta de entusiasmo o el cansancio físico. Para ser realmente feliz tan sólo necesitaba tener unas condiciones mínimas de trabajo que le permitieran desarrollar su música tal y como él la sentía. Seguir estudiando y aprendiendo y ver que su familia estaba bien atendida, que sus hijos estudiaban y se preparaban para tener un buen porvenir. Sin embargo, aún tendría que sufrir mucho.

A pesar de las circunstancias tan adversas que se vivían en la escuela de Santo Tomás, ocurrió algo que cambió radicalmente el rumbo de las cosas. A finales de 1729, falleció el señor Ernesti a la edad de setenta y cinco años y hubo que buscar un nuevo candidato para ocupar el puesto de rector de la escuela de Santo Tomás.

---

63. Cfr. *Die kleine Chronik der Anna Magdalena Bach.*

El cambio de rector

Tras unas semanas de deliberaciones, por fin, se hizo público el nuevo nombramiento:

—Señores, el Concejo ha acordado por unanimidad nombrar al señor Johann Matthias Gesner nuevo rector de la escuela de Santo Tomás.

—¡Estupendo, caballeros! ¡Gran decisión! El señor Gesner tiene gran experiencia como profesor universitario y estudioso de la antigüedad. Estamos seguros de que sabrá gobernar nuestra institución con gran acierto.

Gesner había sido profesor de filología clásica y era experto en latín y griego. Había dado clases en la universidad y —lo que más interesaba a Bach— era un enamorado de la música y admiraba profundamente al entonces cantor de la escuela ya desde que lo conoció en su primera etapa de Weimar. Esto no lo sabían los miembros del Concejo, pero tampoco les importó cuando se enteraron. Al fin y al cabo, pensaron, ese podría ser un incentivo para acallar las constantes quejas y protestas del cantor. La noticia llegó inmediatamente a casa de los Bach:

—¡Magdalena! ¿Dónde está Magdalena?... Hijos, llamad a mamá que tengo que daros una buena noticia.

—Sebastian, ¿qué pasa? Los pequeños me han asustado... Creí que te sucedía algo.

—Magdalena, por fin podremos descansar un poco.

—¿A qué te refieres, Sebastian? ¿Has recibido contestación de tu amigo Erdmann?

—Mejor aún, querida. ¿A que no sabes a quién han nombrado nuevo rector de Santo Tomás?

—Pues no, sabía que había varios candidatos pero como lo llevaban tan en secreto.

—Pues nada menos que a mi amigo Matthias Gesner. ¡El profesor de latín y griego!

—El señor Gesner..., recuerdo que me habías hablado de él. Le conociste en tus primeros años de organista, ¿verdad?

—Así es, Magdalena, y ya entonces ese profesor se interesó por mí y me alentó mucho para que siguiera adelante a pesar de las dificultades que encontrara en mi camino. Él mismo me puso en contacto con otros músicos de Alemania y con algunas iglesias importantes. Es lo mejor que nos ha podido pasar, créeme. Ya no tendremos que irnos a Rusia ni a ningún otro sitio.

En ese momento intervino Friedemann, el hijo mayor, que por aquel entonces tenía ya veintiún años y se estaba preparando para ocupar una plaza de organista:

—Pero, padre, tú aquí no tienes el reconocimiento que te mereces y deberías reclamar otro trato y otros derechos. Si los señores del Concejo no te saben valorar deberías seguir con el plan de ir a Rusia...

—Friedemann, hijo, ¿tú sabes lo que supondría para mí, para Magdalena y tus hermanos otro traslado?

¿Empezar de nuevo en otro país, otro idioma, otras costumbres...? Yo había escrito a Erdmann porque estaba desesperado y deseaba cambiar, pero ahora que han nombrado a Gesner como rector... Ahora ya no será necesario pediros este sacrificio y podremos seguir viviendo aquí.

En ese momento también intervino su segundo hijo, Carl Philipp Emanuel, de diecisiete años:

—Es cierto, Friedemann. ¿No te das cuenta de que aún hay muchos pequeños en la familia y que papá, a pesar de lo que digan los señores del Concejo, tiene gran fama en Leipzig y entre sus alumnos? ¿Por qué tenemos que estar siempre cambiando de casa y de ciudad?

—Pero, Emanuel, quizá en Rusia papá encuentre el trato que se merece. Aquí lo único que le falta es que le desprecien...

Friedemann había sido siempre muy radical y terco en sus juicios. En esto se parecía mucho a su padre, aunque éste había tenido que aprender a someterse y callar desde sus primeros años de adolescencia. Friedemann era altivo y cabezota y sabía además que su padre siempre lo trataba con un afecto especial, quizá por ser el primero, quizá por haber sufrido tanto con la muerte de su madre. Lo cierto fue que Friedemann aprovechó esta debilidad de su padre por él para actuar a veces de un modo impulsivo y precipitado. En un momento de la charla, Carl Philipp Emanuel concluyó diciendo:

—Friedemann, es mejor así. Si nos quedamos en Leipzig papá podrá mejorar sus condiciones de trabajo, la familia no se tendrá que trasladar a Rusia, tú podrás acabar de prepararte para tu examen de organista y yo podré seguir mis estudios en derecho y completar mis clases de música. ¿No te parece que eso es lo mejor para todos?

—Si tú lo dices... Pero yo sigo pensando que la idea de trabajar en algún lugar de Rusia no habría que abandonarla del todo.

Ahí acabó la conversación por el momento y todos parecieron quedar satisfechos, especialmente por la alegría que invadía a Bach y a su esposa. Esa noche, antes de irse a dormir, el cantor preguntó a su mujer:

—Magdalena, ¿no crees que ya era hora de empezar a vislumbrar algo de esperanza en nuestro camino?

—Claro, Sebastian. Lo que no entiendo es por qué tus superiores te arrinconan tanto. El señor Stieglitz, el señor Rosenberg... Parece como si se sintieran amenazados por tu trabajo, cuando tú realmente no tienes nada que ver con ellos.

—Lo sé, Magdalena; ellos sólo piensan en gobernar y controlarlo todo; ven la música como una manifestación más de su poder. Cualquier modificación, por pequeña que sea, les parece que puede desautorizarles o dejarles en entredicho.

—Pero si tú estás componiendo las mejores cantatas de tu vida y estás consiguiendo que chicos insensibles y torpes para la música aprendan a tocar un instrumento y a cantar en un coro. No lo entiendo, tendrían que estar agradecidos por tanto esfuerzo a cambio de tan poco, y encima te reprochan incluso que dejes de dar las clases de latín para dedicarte más a la enseñanza de la música.

—Hasta ahora ha sido así, pero estoy seguro de que a partir de hoy cambiarán las cosas. Ya verás, Magdalena:

la llegada del señor Gesner nos traerá nuevas esperanzas y mejores condiciones de vida y de trabajo.

Y así sucedió efectivamente. En cuanto llegó el nuevo rector fue inmediatamente a casa de Bach para saludarle en persona.

—¡Querido maestro, qué alegría volverle a ver!

—Señor Gesner, ¡qué honor tan grande recibirle en mi casa!

—¿Y qué otra cosa podía hacer sino venir a su casa para comunicarle mi satisfacción por tenerle como cantor en la escuela? ¿Cómo se encuentra aquí, amigo Bach? —Viendo la cara que ponía Bach, Gesner no esperó a que le contestara.— Bueno, no me lo diga, puedo imaginar algunas cosas...

Estas palabras de acogida llenaron de alegría al maestro. Gesner se convirtió en el único superior de Bach, a excepción del príncipe Leopoldo de Cöthen, que reconoció de forma sincera y auténtica su grandeza como músico y le apoyó mientras permaneció a sus órdenes.[64]

A las pocas semanas de llegar, Gesner inició las primeras reformas en la escuela: cambió el plan de estudios de los chicos introduciendo la enseñanza de otras disciplinas como las matemáticas, la geografía, las ciencias naturales, el dibujo y la gimnasia. Cambió el horario de las clases dejando más tiempo libre al cantor para su estudio personal y los ensayos. Se hicieron obras de rehabilitación del edificio y de las salas destinadas a dormitorios. Se compraron nuevas colecciones de música y de libros

---

64. Cfr. Klaus Eidam, *La verdadera vida de J. S. Bach*, p. 195.

para la biblioteca. Se repararon los instrumentos rotos. Se compraron otros nuevos. Y lo más importante, concedió licencias a Bach para que viajara a otras ciudades con el fin de dar conciertos y peritar órganos. En definitiva, para que saliera un poco más de Leipzig y conociera también otros ambientes musicales.

Precisamente gracias a esas licencias, Bach pudo cumplir su deseo de dar un concierto en la iglesia de Santa Sofía, en la corte de Dresde, que contribuyó a extender su fama en esa ciudad, sede de la corte. Peritó el recién construido órgano de Cassel y el último órgano Silbermann construido en la misma ciudad.

Poco tiempo después, en 1733, realizó una nueva visita a la corte de Dresde para presentar las partituras del «Kyrie» y el «Gloria» de la *Misa en si menor* con la intención de solicitar al recién coronado rey de Polonia y Príncipe elector de Sajonia, Federico Augusto II, el nombramiento de compositor de esa corte.[65] Éstas fueron algunas de las oportunidades que Gesner concedió a Bach durante su mandato. Algo impensable en la época del señor Ernesti.

Tras un año de gobierno, el rector Gesner consiguió todavía más reformas por parte del Concejo: concedieron a Bach un cambio de vivienda a una casa más grande y con mejores condiciones que la que había ocupado hasta la fecha. Duplicó el sueldo del cantor y consiguió que el propio Concejo costeara los gastos del servicio doméstico

---

65. Éste era un título honorífico muy apreciado por los músicos de la época. En esos momentos Bach aprovechó la circunstancia de la coronación del príncipe Augusto de Sajonia como rey de Polonia (1733-1764) para solicitar ese nombramiento. El rey se lo concedería años más tarde con ocasión de una nueva petición de Bach.

que el mismo Gesner dispuso para ayudar en el cuidado y atención de Bach y su familia. Magdalena no se lo podía creer:

—Sebastian, ¿es posible que el señor Gesner cumpla de este modo su promesa de mejorar tus condiciones de vida y de trabajo? A veces me parece que todo esto es un sueño.

—Ya lo ves, Magdalena. El señor Gesner se dio cuenta de nuestra situación desde el primer día y está siendo muy generoso con nosotros.

—Ya era hora, Sebastian, de que llegara alguna recompensa a tanto esfuerzo y sacrificio.

—Claro, Magdalena, ¿ves como entre tanta contradicción siempre hay alguna razón para seguir esperando...? —Bach se quedó entonces pensativo y ensimismado y, mirando con cariño a su esposa, le susurró al oído:— Magdalena, amor mío, por fin voy a poder concluir las obras que tengo entre manos. Hace meses que trabajo en ellas y con tantos contratiempos no he podido escribir casi ni una nota. ¿Podría disponer de un poco de tu tiempo para mostrártelas en el órgano?

—¡Ahora mismo, Sebastian! ¿Cómo no me habías dicho nada? ¿De qué se trata?

—Se trata de obras grandes, quizá las más extensas de mi repertorio y en las que resumo mi creación musical de estos años. Son las pasiones y el oratorio de Navidad.[66] ¿Quieres oír algunos fragmentos?

---

66. Aunque Bach había trabajado desde hacía tiempo en esta obra, fue en esta época cuando la concluyó y fue en ese invierno de 1734-1735 cuando se interpretó por primera vez.

—Nada me produciría mayor satisfacción. Iré a acostar al pequeño Gottfried y te acompañaré al órgano enseguida.

—Pues allí te espero. Así podrás tener una vez más la primicia de mi obra y darme tu opinión.

Por fin parecían llegar tiempos buenos para la familia Bach. Sebastian gozaba de más tiempo libre para escribir música y dedicarse a su familia. Había conseguido además que lo suplieran en el encargo de la vigilancia nocturna de los alumnos de la escuela, de modo que, al finalizar sus clases, podía retirarse a su casa hasta el día siguiente. Fue entonces cuando, tras años de dura contradicción, pudo por fin concluir dos de sus más grandes obras y que más profundamente conmovieron su alma: *La Pasión según San Mateo* y *La Pasión según San Juan.*[67]

Los cuatro años que Gesner ocupó el cargo de rector, entre 1730 y 1734, fueron los más felices para Bach de los veintisiete que él permaneció en Leipzig. Sólo durante ese corto periodo tuvo el respeto y la admiración que realmente se merecía.

Estos cuatro años fueron de prosperidad tanto para el maestro, que pudo incrementar sus ingresos, sus contactos con el exterior y sus viajes, como para la escuela, los chicos, los viejos instrumentos, la biblioteca y el resto de las dependencias e instalaciones de la escuela de Santo Tomás.

---

67. Cfr. *Die kleine Chronik der Anna Magdalena Bach.*

En esos años, Gesner escribió un manuscrito que se hizo famoso, defendiendo la forma y la técnica que utilizaba Bach en su música:

«Tú, Fabio, considerarías todo esto como algo sin importancia si pudieras resucitar de entre los muertos y escuchar a Bach, quien, utilizando todos los dedos de ambas manos, toca el clavicordio, que contiene el sonido de diversas liras; o el instrumento por excelencia, el órgano, con sus innumerables tubos. Aquí, con sus manos, y allá, incluso más rápido con sus pies, produce él solo una gran cantidad de sonidos diferentes que resultan de gran belleza armónica.

¡Si pudieras verle realizar lo que numerosos músicos de liras y seiscientos flautistas no podrían tocar y, simultáneamente, conducir más de treinta o cuarenta músicos al mismo tiempo...! ¡Si pudieras ver cómo se dirige a uno mediante un signo con la cabeza, a otro dando con el pie, a otro con el dedo, sin perder el ritmo y la tonalidad mientras suenan aquí notas agudas, allá graves y más allá intermedias...! Por muy admirador que yo sea de la Antigüedad, creo que mi amigo Bach o alguien muy semejante a él, reúne por sí solo a numerosos Orfeos y a veinte Ariones.»[68]

Este fue el elogio más grande que Bach recibió de sus superiores. Cuánto reconfortó a la familia Bach la presencia de Gesner en Santo Tomás.

Su fama seguía creciendo. Entonces conoció a uno de sus discípulos más aventajados, se trataba de Johann Goldberg. Este chico venía directamente recomendado por el conde de Keyserling, que era a su vez un gran admirador

---

68. Cfr. *Die kleine Chronik der Anna Magdalena Bach.*

de Bach. El conde había pedido expresamente a Bach que formara con predilección a este músico, pues lo quería contratar para su servicio y él sabía que Bach era quien mejor lo podía hacer.

Goldberg se dio a conocer enseguida no sólo por su gran virtuosismo y talento en el clave, sino porque, con ocasión de su formación, Bach compuso para él, en 1742, una de las piezas más bellas de todo su repertorio: el *Aria con treinta variaciones,* o también conocida como las *Variaciones Goldberg.*

—¿Johann, estás preparado?

—Sí, señor.

—Pues ya puedes empezar a tocar. A ver, muéstrame el principio de esta variación. Suave, seguro. Recuerda que ésta es una música dulce y a la vez alegre.

Goldberg, animado por su maestro, se sentaba al clave y ejecutaba la melodía siguiendo las indicaciones de Bach. En cierta ocasión, el discípulo reveló a su maestro:

—Señor, ¿sabe cuándo prefiere escuchar su música el conde de Keyserling?

—Pues no, Johann, no se me ocurre. ¿Cuándo?

—En sus noches de insomnio, cuando está sumido en la melancolía por la muerte de su esposa. Dice que vuestra música es lo único que le ayuda a disipar su tristeza y a conciliar el sueño.

—¿Y no se cansa de oír siempre los mismos temas?

—No, maestro, en absoluto. Le gustan muchísimo, y yo me alegro de aliviarle algo en su dolor.

—Yo también, Johann, la música es muchas veces el mejor consuelo para el alma.

Tan agradecido estaba el conde a Bach y a su discípulo que, cierto día, le regaló por ello una tabaquera y cien luises de oro.[69]

Las *Variaciones Goldberg* y el *Concierto italiano* pasarían a la historia como dos de las obras maestras del cantor de Leipzig.

---

69. Cfr. Albert Schweitzer, *J. S. Bach, el músico poeta*, ed. Ricordi Americana, Buenos Aires, 1955, p. 149.

La Guerra de los Prefectos

A finales de 1734 llegó a Leipzig una noticia que tendría consecuencias nefastas para Bach. Había quedado vacante una plaza de profesor de filología clásica en una universidad holandesa y a Gesner le interesó mucho ese puesto de trabajo. Eso, evidentemente, implicaba la renuncia a su cargo de rector de la escuela de Santo Tomás y su inmediato traslado a otro país. Gesner no acababa de encontrar las palabras adecuadas para comunicárselo a su amigo cantor y despedirse de él:

—Querido amigo, usted sabe cuánto me interesan las clases en la universidad y poder seguir estudiando e investigando...

—Claro, señor. Yo comprendo tan bien ese deseo...

—Bach, usted tiene un gran prestigio dentro y fuera de Leipzig. No se apure por las cosas que puedan pasar. Los señores del Concejo ya han aprendido a respetarle y a reconocerle unos derechos que ya nadie le podrá quitar. Yo mismo me he encargado de que así sea.

—Señor Gesner, estoy seguro de que si usted no hubiese venido aquí hace cuatro años yo podría haber cometido cualquier tontería. Estaba a punto de perder la paciencia y hacer el equipaje e irme a cualquier otro lugar de Europa con tal de abandonar Leipzig.

—Lo sé, amigo. No volverán esos tiempos. Usted seguirá ganando fama y prestigio y llegará a ser conocido en toda Alemania y en toda Europa. Créame, Bach, tiene usted mucho talento y mucho futuro.

De las dos últimas predicciones que Gesner hizo sólo acertó en una. Efectivamente, con el transcurso del tiempo, Bach no sólo llegaría a ser conocido en Alemania y Europa, sino que llegaría a ser conocido y admirado en el mundo entero. Respecto a la primera, el desacierto fue total. Los momentos difíciles de su primera etapa en Leipzig, no sólo se iban a repetir, sino que llegarían a empeorar aún más las condiciones de vida del maestro hasta llegar, incluso, a arrepentirse de no haber hecho las maletas la primera vez que se planteó ir a Rusia.

Los problemas empezaron el primer día que el nuevo rector tomó posesión de su cargo en Santo Tomás.

—Magdalena, no te lo vas a creer: ¡Han nombrado nuevo rector a Johann August Ernesti!

—¡Otro Ernesti!

—Así es; aunque no guarda parentesco con el anterior, tienen el mismo pensamiento. Son iguales. A éste le llaman «el joven» y el Concejo le ha otorgado plenos poderes sobre mí para que disponga de algunos de mis derechos...

—¿Cómo puede ser, Sebastian: una vuelta atrás?

—Los miembros del Concejo han considerado que ya habían hecho demasiadas concesiones con Gesner y que había que recortar tanto presupuesto y tantas libertades.

—¡Vamos a tener que sufrir otra vez!

—Sí, Magdalena, intuyo que las cosas no van a ir bien...

Y cuánta razón tenía. Ernesti «el joven» desde el primer momento desconfió de Bach por su fama de hombre terco y testarudo. Además, al comprobar la gran estima que le tenían sus alumnos sintió celos del cantor. De hecho, su intención era destituirlo, pero como no lo podía hacer directamente, se propuso conseguirlo de forma indirecta; es decir, a través de lo que ha pasado a la historia como la Guerra de los Prefectos.[70]

El prefecto era un cargo que ocupaban algunos chicos con cierta experiencia como miembros del coro. Se nombraba con el fin de ayudar al cantor a dirigir el coro y dar las correspondientes entradas, finales de voz, silencios, etc., mientras él tocaba el órgano y se cantaban los oficios.

Este cargo lo designaba el cantor, en este caso Bach. Entre los diferentes prefectos que ayudaban a dirigir los cuatro coros de cada una de las iglesias que dependían de Bach, había uno, el prefecto general, que se encargaba de coordinar al resto. El que Bach tenía designado cuando el nuevo rector ocupó su cargo era Gottfried Theodor Krause.

---

70. Éste es uno de los episodios más tristes de la vida de Bach, ya que tuvo que sufrir con mayor rudeza las incomprensiones e injusticias de sus superiores. Todos los biógrafos han resaltado esta etapa como una de las páginas más oscuras de su historia, en la que, por contraste, culminarían hasta el máximo sus facultades como compositor e intérprete, alcanzando, al final de esta etapa, fama en toda la Europa occidental. Cfr., entre otros, Klaus Eidam, *La verdadera vida de J. S. Bach*, pp. 212 y 213.

Cierto domingo, al acabar los oficios, Krause fue muy excitado a casa de Bach:

—¡Señor, señor, necesito hablar con usted!

—¿Qué te pasa, Theodor? ¿Por qué vienes tan excitado y nervioso?

—Señor, al acabar los oficios en San Nicolás, me he enfrentado con un chico del coro y le he pegado una paliza por desobedecerme en las entradas y no prestar atención a lo que le había indicado durante la ceremonia. Ya hacía tiempo que ese alumno me había desautorizado ante los otros y yo le había reprendido por ello, pero nunca me hizo caso... Hoy he perdido los nervios y le he golpeado...

—Pero, Theodor, los dos sabemos que algunos chicos son muy indisciplinados y groseros y necesitan a veces que se les trate con mano dura. Además, en Santo Tomás, como en otras escuelas, se permite en ocasiones el castigo corporal y algún que otro azote si se resisten a obedecer. ¿Qué te preocupa tanto?

—Señor, es que el chico al que he pegado es nada menos que Kastner, el hijo del director de arbitrios[71] de Freiberg.

—Pero, Theodor, si ese chico se ha portado mal, merece un castigo sea hijo de quien sea.

—Sí, señor, pero he llegado incluso a hacerle sangre y el propio rector Ernesti me ha dicho que me va a castigar por ello. Que va a llevar el caso al Concejo y me darán un escarmiento.

---

71. El director de arbitrios era como un juez civil que tenía cierto reconocimiento social en la época.

—No sufras, Theodor. No será para tanto. Estoy seguro de que Ernesti ni siquiera planteará el asunto al Concejo.

Bach se equivocó. Ernesti «el joven» no sólo llevó el asunto al Concejo, sino que, a partir de ese día, el nuevo rector descubrió la forma de desacreditar al cantor y acabar con su fama.

Pasadas unas semanas, el Concejo, influido por la versión de Ernesti «el joven», determinó que Krause debía ser azotado públicamente delante de los alumnos de la escuela de Santo Tomás en reprimenda por la paliza que otorgó a Kastner. Cuando Krause se enteró, se negó a recibir el castigo y fue expulsado de la escuela.

Bach perdió entonces a uno de sus mejores colaboradores en la tarea de dirigir a los chicos del coro. En su lugar, el propio Ernesti decidió quién tenía que ocupar el cargo.

—Señor cantor, sé que es competencia suya nombrar al nuevo prefecto general, pero yo quería sugerirle que nombrara para este cargo a Johann Gottlob Krause, pariente de su antiguo prefecto general; quizá él podría ocupar el cargo que está ahora vacante.

—Pero señor Ernesti, este alumno no tiene nada que ver con su pariente, es torpe y negado para la música.

—Pienso que debería darle una oportunidad. Al fin y al cabo sólo le ayuda a dirigir, pero es usted el que ensaya al coro y da las entradas con el órgano. El verdadero protagonista es usted, señor Bach.

Bach en ese momento no sospechó nada y pensó que Ernesti le estaba proponiendo de buena fe que diera una oportunidad al chico, de modo que accedió a la propuesta del rector.

—Está bien, señor Ernesti, daremos una oportunidad a ese chico, si ése es su deseo.

—Confío en su buen hacer, señor Bach.

Domingo tras domingo, Bach salía enfadado de los oficios porque su nuevo prefecto general era negligente y descuidado. No le interesaba en absoluto la música, ni los cantos, y menos aún los coros de iglesia, así que, en uno de los arranques de temperamento de Bach, al finalizar una ceremonia religiosa, destituyó públicamente a Krause y nombró en su lugar a otro prefecto: Karl Kittler.

Cuando se enteró Ernesti, se apresuró a interpelar a Bach:

—Señor cantor, he sabido que ha expulsado del coro a Krause.

—Sí, señor, así es. Krause es negligente y desobediente. Ha reconocido que no le interesa la música y creo que Kittler tiene mejores condiciones para ocupar ese puesto.

—Señor Bach, confío que usted sabrá entender la intención última de mi sugerencia al proponerle a Krause para el cargo de prefecto general.

Pero Bach no entendía nada, quizá porque no acababa de ver el juego de Ernesti y, aunque tenía certeza absoluta de que no caía bien al rector, no podía imaginar que éste le dirigiera un ataque tan destructor como oculto. Ernesti siguió hablando:

—Bach, con ese nombramiento, había querido lavar el nombre de la familia Krause y demostrar al Concejo que sabemos cómo dominar y educar a nuestros alumnos.

—Señor Ernesti, ¿acaso está sugiriendo que vuelva a aceptar a Krause en el cargo de prefecto general?

—Exactamente. Le estoy pidiendo colaboración, y estoy seguro de que usted sabrá dármela. Ahora, si me disculpa, tengo una visita esperando en mi despacho.

Y así, se dio por zanjada la cuestión. ¿Se suponía que Bach tenía que invertir su tiempo en dedicar una atención especial a aquel chico recomendado directamente por el rector? ¿Debía suplir con su propio esfuerzo las carencias y deficiencias de éste en el coro? Bach no lo entendía, pero dio su promesa al rector de hacer todo lo posible para que Krause dirigiera correctamente el coro.

Falsa promesa, porque al cabo de dos funciones religiosas Bach volvió a expulsar a Krause y esta vez de forma definitiva. Fue entonces cuando empezó a intuir una cierta estrategia por parte del rector.

—Señor Ernesti, usted debe saber que su prefecto general es un irresponsable y un negado para la música, por lo que he considerado que no merece ocupar el cargo de prefecto general.

—He de entender que no ha cumplido usted su compromiso de formar a Krause como le dije.

—Usted puede entender lo que quiera, pero es competencia del cantor, es decir, mía en este caso, nombrar al que debe ser prefecto general, y yo he decidido nombrar para ese cargo a Karl Kittler y expulsar del coro a Krause.

Estas palabras fueron la declaración formal de guerra. Ernesti se quejó al Concejo por la insumisión y desobediencia de Bach en aceptar sus indicaciones y Bach se quejó a Deyling, superintendente[72] de la ciudad, quien, sin dudarlo, se puso de parte del Concejo.

A partir de ese momento comenzaron una serie de disputas y enfrentamientos personales en los que Bach tenía todas las de perder. En primer lugar porque en la jerarquía de cargos, Bach se estaba enfrentando con gente mucho más poderosa que él; en segundo lugar, porque ninguno de sus superiores le reconocía el prestigio y la fama que entonces tenía en todo Leipzig y en buena parte de Alemania. Los que comprendían su música le tenían recelo y envidia; los que no le comprendían le ignoraban por completo y se sorprendían de que fuera siempre tan testarudo en las cuestiones musicales con sus permanentes exigencias.

A lo largo de las discusiones, Ernesti fue ganando terreno y el Concejo vio impasible cómo el cantor acabó rebajado al puesto de prefecto. Era demasiado. Bach volvía de nuevo a sufrir uno de los momentos más difíciles de su vida teniendo que soportar, una vez más, la incomprensión y la humillación de los que mejor le debían haber entendido y apoyado. En ese contexto, Magdalena llegó a confesar a su marido:

—Sebastian, no puedo verte sufrir más. A lo largo de estos meses, cuando te veo cabizbajo y apesadumbrado, desearía que nos hubiéramos marchado a Rusia y que te hubieras despedido definitivamente del Concejo y de Leipzig y de la escuela de Santo Tomás... ¿Por qué no escribes de nuevo a Erdmann para que nos ayude a buscar alguna plaza de organista en Rusia?

---

72. El superintendente era uno de los principales cargos eclesiásticos en la ciudad.

—Magdalena, ahora es imposible. Erdmann ha sido trasladado a otro país y ya no vive en Rusia. Allí no conocemos a nadie y yo me empiezo a sentir cansado. Tengo cincuenta y un años. Además, nuestros hijos... Los mayores están acabando sus estudios y los otros son todavía muy pequeños. Creo que no nos queda otro remedio que esperar que cambien las cosas.

—¿Pero cómo van a cambiar si nosotros no hacemos que cambien?

—Magdalena, estoy perdido. Me he enfrentado con mis superiores. Incluso me han amenazado con rebajarme el sueldo si sigo exigiendo derechos y no acepto las órdenes del rector.

—Sebastian, esto no puede ser. Tú tienes amigos y parientes. Deberíamos hacer algo.

—Me temo que, al menos por el momento, no nos queda otro remedio que esperar.

Y así fue efectivamente, porque, aunque Bach tenía bastantes conocidos dentro y fuera de Alemania, lo que en esos momentos más preocupaba al maestro eran sus hijos. Temía que la familia se fuera a dispersar si se trasladaban de nuevo a otro país en busca de trabajo; además, él se encontraba realmente cansado después de tantos años de trabajo y esfuerzo.

El Concejo acabó por cumplir sus amenazas y le redujeron el sueldo casi a la mitad de lo que cobraba cuando Gesner era el rector. Entonces, cuando todo parecía estar perdido, de nuevo ocurrió algo que cambió el rumbo de los acontecimientos.

El veintinueve de septiembre de ese año, 1736, el rey

de Polonia y príncipe elector de Sajonia, Federico Augusto II, fue a Leipzig. Cuando Bach se enteró de la visita del monarca, se apresuró a dirigirle una carta solicitándole el cargo de compositor de la corte. No se contentó sólo con eso, sino que además decidió pedir ayuda al Consistorio de la ciudad para que intercedieran por él ayudándole en sus conflictos con el Concejo. Bach sabía que esto era arriesgado, porque suponía obviar la autoridad de sus superiores inmediatos y también sabía que éstos podrían después tomar más represalias contra él, pero aun así, alentado por su mujer y por sus hijos mayores, se arriesgó.

—Padre, ¿has recibido alguna respuesta de tus gestiones con el rey y con el Consistorio?

—No, Emanuel: la verdad es que pronto hará dos meses que dirigí mis cartas a las autoridades y todavía no he recibido respuesta.

—¿Te han dicho algo tus superiores de Santo Tomás?

—Tampoco. No sé si se han enterado siquiera. Quizá sea mejor así.

A los pocos días de esta conversación, el veintiuno de noviembre, recibió de parte del rey la notificación de su nombramiento como compositor de la capilla de la corte. Esto era importantísimo, no sólo porque le permitía recuperar su dignidad como músico y le otorgaba el derecho a viajar y trabajar en otro ambiente —diferente al de la música de iglesia que dirigía el Concejo de Leipzig—, sino, también, porque desde ese momento dependía directamente de la protección personal de Federico Augusto II.

Para tomar posesión del nuevo cargo, Bach viajó a la ciudad de Dresde, sede de la corte, y dio un concierto en la iglesia de Nuestra Señora. Por fin le llegó un momento de respiro.

A pesar de todo, el nuevo nombramiento seguía obligando a Bach a trabajar como cantor de la escuela de Santo Tomás, entre otras cosas, porque el título de compositor de la corte era sobre todo un cargo honorífico que no daba a Bach los ingresos suficientes para seguir sacando a su familia adelante. Tras el concierto en Dresde y la fiesta que se celebró en su honor regresó a Leipzig.

—Sebastian, ¿cómo ha ido tu viaje a Dresde?

—Una maravilla, Magdalena. El rey se ha mostrado muy solícito conmigo y me ha alentado a seguir adelante en mi trabajo.

—Sí, pero ahora vuelves a estar aquí y los señores del Concejo piensan que, de algún modo, les has traicionado.

—Los señores del Concejo seguirán reconociéndome sólo como cantor y negándome cualquier derecho que el señor Ernesti rechace, pero, por lo menos, ahora y gracias al rey, vuelvo a recuperar mi dignidad y mi honor ante las autoridades de esta ciudad.

Era cierto, el título del rey había dado a Bach un reconocimiento que le respaldaba ante las autoridades de Leipzig, aunque él seguía trabajando para el Concejo y dependiendo del rector y del superintendente... De modo que, aunque momentáneamente cesaron las represalias y las persecuciones, quien salió realmente vencedor indiscutible de la Guerra de los Prefectos fue Ernesti. Él mismo se encargaría, con el paso de los meses, de seguir haciendo valer su autoridad sobre Bach.

El final del conflicto

Al final de la Guerra de los Prefectos no había prácticamente nadie que interviniera a favor de Bach, ni en la escuela, ni entre las autoridades eclesiásticas, ni en el Concejo. Su equipo musical había sido destruido y él mismo había sido relegado a un segundo plano y convertido en un don nadie.[73] Paradójicamente, en el resto de Alemania la fama de Bach seguía creciendo y se prodigaban cada vez más las visitas de músicos procedentes de toda Europa. Además, eran tantos los alumnos que solicitaban sus clases, que proseguían los problemas para atenderlos a todos.

En aquella época, Magdalena sufrió más que nunca viendo a su marido maltratado por sus superiores inmediatos y despojado de todos los derechos que le habían concedido bajo el mandato del rector Gesner.

—Sebastian, no sabes cuánto me arrepiento ahora de no habernos ido a Rusia cuando todavía podíamos haberlo hecho.

---

73. Klaus Eidam, *La verdadera vida de J. S. Bach*, p. 224.

—No, Magdalena, no vale la pena lamentarse por el pasado. Al menos, puedo seguir componiendo y enseñando a estos chicos que nos ayudan con el pago de las clases a salir adelante.

—Tus hijos también me reprochan a veces que no te hubiera empujado a irnos a Rusia o a cualquier otro lugar donde nos hubieran tratado mejor...

—¿Te refieres a Friedemann?

—Sí, especialmente a Friedemann; pero también Emanuel se queja del mal trato que recibimos de un tiempo a esta parte.

—Friedemann se irá pronto de casa. Ha superado la prueba de organista en Dresde y ese puesto le permitirá situarse entre los principales músicos de la ciudad. Emanuel ha finalizado con éxito sus estudios en derecho y me ha comunicado que tiene intención de trabajar como clavecinista en la corte del rey Federico de Prusia, y en cuanto a Bernhard, también he hablado con mis antiguos colaboradores de la ciudad de Mühlhausen para que le busquen alguna plaza de músico en esa ciudad. Si los mayores se van colocando, el resto de nuestros hijos lo hará a continuación y respecto a nosotros... qué importa ya, ¿no crees? Estamos tan acostumbrados a sufrir incomprensiones y envidias...

—Es cierto, Sebastian, pero tú no te mereces esto.

—Y tú tampoco, Magdalena. Quizá debamos esperar a un futuro más lejano...

—Sebastian, tú tienes conocidos en Francia e Italia. ¿De veras te parece inadecuado pedirles ayuda ahora que tanto la necesitamos?

144

—Más que inadecuado me parece imposible. Piensa que ya soy mayor, me encuentro cansado y se me hace más difícil tener que empezar de nuevo en otro lugar, con otros superiores, en otras condiciones. Prefiero tener que soportar a las viejas pero ya conocidas autoridades del Concejo y las arbitrariedades del rector, a tener que trasladarme de nuevo a otra ciudad, a otro país...

—Como tú decidas, Sebastian. Yo estaré contigo siempre.

—Gracias, Magdalena. Gracias por comprenderme y apoyarme tanto.

Bach aceptó así sufrir con resignación el despotismo y el desprecio de sus superiores inmediatos a cambio de no tener que lanzarse a nuevas aventuras en otros destinos diferentes al de Leipzig.

Por entonces, aún hubo otra cosa que le dolió profundamente. Él había concluido su obra de *La Pasión según San Mateo,* pero el Concejo castigó a Bach no permitiendo que se tocara en la Semana Santa de ese año ni en los siguientes. Primero, porque les parecía una obra demasiado expresiva y emotiva. En segundo lugar, porque, según ellos, esta era la mejor forma de demostrar su dominio sobre el cantor. Hubo que esperar cinco años hasta que dicha obra se pudiera interpretar por primera vez en una de las principales iglesias de Leipzig.

En medio de tantas contrariedades, había tres cosas que reconfortaban profundamente al maestro: componer música, sus clases particulares y los conciertos con la Asociación Musical, de la que seguía siendo el presidente. A estas actividades se sumó otra que también le recompensó. A principios de 1741 le llegó una solicitud de parte del *Collegium Musicum* de la Universidad para que aceptara la dirección de esa institución. La persona que se lo comunicó fue su amigo Johann Abraham Birnbaum, profesor de la Universidad:

—Señor Bach, como sabe, los alumnos del coro de la Universidad y algunos miembros de ese claustro lo admiran profundamente y me envían a mí para proponerle el nombramiento de director de nuestro *Collegium Musicum*. ¿Tendría el honor de aceptar su dirección?

—Gracias, amigo Johann, realmente es para mí un honor. Es un privilegio disponer de un coro que tiene fama por su buena selección de voces y la disciplina de sus miembros. Además, yo también me siento muy a gusto en el ambiente universitario, pero tan sólo veo un obstáculo.

—Usted dirá, Sebastian.

—No quisiera enfrentarme con las autoridades del Concejo y del Consistorio. He tenido ya demasiados problemas con ellos y prefiero no tener que dirigir el coro a volver a sufrir las tensiones que existen entre estas dos instituciones.

—Me hago cargo, Sebastian; sé a qué se refiere, pero todo está ya resuelto. Es el propio rector de la Universidad quien ha arreglado el asunto con los miembros del Consistorio, y ellos, a su vez, se encargarán de ponerse de acuerdo con los del Concejo.

Así, pareció quedar resuelta la cuestión y esto dio cierto respiro a Bach. Entre 1741 y 1745 se haría cargo de la dirección del coro de la Universidad y tendría un poco más de libertad que en Santo Tomás.

El Concejo y el rector Ernesti tuvieron que «soportar» esa propuesta por parte del Consistorio, entre otras cosas, porque Bach se encontraba temporalmente suspendido de sus funciones como cantor a raíz de la llamada Guerra de los Prefectos. Así, no les importó demasiado que asumiera otros trabajos, ya que, por aquel entonces, el único compromiso que le ligaba a la escuela era la prefectura del coro.

La dirección del *Collegium Musicum* le permitió, además, seguir trabajando en sus obras e incrementar un poco sus ingresos. En cierta ocasión, mientras hablaba con Krebs, su discípulo preferido, éste le preguntó:

—Maestro, ¿por qué no me habla un poco de las obras que está componiendo? Su esposa me ha dicho que son grandiosas y que no debía sentir pudor en preguntarle por ello. Tengo verdadera curiosidad por saber de qué se trata.

—¡Ah! Desde que conozco a Magdalena siempre le he oído decir que mi música es la más grande y bella que jamás ha escuchado. Desde luego es mi admiradora más fiel.

—Pero le hace justicia, señor. Y usted sabe que no es la única persona que lo piensa.

—Gracias. Realmente, si no fuera por Magdalena, mis propios hijos y vosotros..., cuántas veces me habría hundido ante tanta incomprensión y recelos. Actualmente estoy trabajando en tres obras: la *Misa para órgano*,[74] la *Misa en si menor* y el *Arte de la fuga*.

---

74. Esta obra es también conocida por el nombre de *Ejercicios para teclado* III, aunque Bach nunca la llamó así.

—¿Y de qué tratan? ¿Qué tipo de composición domina en ellas?

—Sigo trabajando el contrapunto y la polifonía. La *Misa para órgano* son unos ejercicios pensados para teclado: combino estudios y temas nuevos que guardan alguna relación con las *Variaciones Goldberg*. ¿Conoces esa obra?

—¡Cómo no, maestro! Es la obra que escribió para su discípulo Johann Goldberg y dedicó al conde Keyserlingk.

—Efectivamente.

—¿Y las otras?

—La *Misa en si menor* la empecé a escribir hace ya años, en 1725. En varias ocasiones me he visto obligado a arrinconarla por diversas circunstancias, sobre todo por la falta de tiempo. Además, se trata de una misa de liturgia católica y yo sabía que no sería aceptada en ninguna iglesia luterana ni, por ser yo luterano, en ninguna iglesia católica. Así que no he sentido nunca una especial urgencia por concluirla.[75] Ahora, en cambio, sí siento esa urgencia.

—¿Por qué, maestro? ¿Qué lo mueve a culminar con urgencia estas obras que tiene empezadas?

---

75. Verdaderamente la razón última por la que Bach escribió esa obra continúa siendo un enigma. Cuando concluyó la primera parte, el «*Kyrie*» y el «*Gloria*», envió las partituras a la corte de Dresde junto con su solicitud para ser nombrado compositor de esa corte. Años más tarde, cuando la concluyó definitivamente, en 1749, Bach sabía de cierto que no sería ejecutada debido a su larga duración (tres horas) y a los conflictos religiosos de su época. En todo caso, como dice K. Eidam: «Esta misa se entiende únicamente en cuanto que refleja el credo más personal de Bach como manifestación de su fe (...). Su fe le había amparado a través de todos los peligros de su vida y nunca lo abandonó.» *La verdadera vida de J. S. Bach*, p. 280.

—Hijo, siento que el tiempo se me acaba. También quiero aprovechar la suspensión de mi cargo de cantor para escribir música ahora que puedo y, además, esa misa y la tercera obra de la que te hablaba, el *Arte de la fuga*, quisiera que sintetizaran de algún modo la trayectoria de mi vida...

—Pero ¡qué dice, señor! ¡Su tiempo no puede acabarse! Aún le queda mucha música por escribir y muchos discípulos a los que enseñar. Además su familia le necesita y nosotros también.

—Querido amigo, tengo cincuenta y seis años, trece hijos, seis discípulos y mucho cansancio acumulado de tantos años de trabajo. Créeme, empiezo a sentirme fatigado.

Y era cierto, a Bach le empezaban a fallar las fuerzas, aunque su capacidad creativa y su pasión por la música le empujaban a seguir trabajando con la misma dedicación y energía de siempre. Sus discípulos, sus propios hijos, su mujer, aunque le exigían dedicación y tiempo, también le servían muchas veces de estímulo para seguir luchando. En eso, sin embargo, tuvo que sufrir aún dos de los disgustos más grandes de su vida. El primero, causado por su hijo mayor, Friedemann. El segundo, por su tercer hijo, Bernhard.

Friedemann había superado con éxito la prueba para ocupar el puesto de organista en Dresde, donde permaneció trece años hasta que le ofrecieron ocupar la misma plaza en la iglesia de Santa María de Halle. Ya entonces Friedemann tenía gran fama dentro y fuera de Leipzig, y ese nuevo nombramiento produjo una gran satisfacción a su padre, pues la dirección musical de Halle la llevaba a cabo el maestro Zachau, que había dado clases al mismísimo Haendel. Esta buena noticia, sin embargo, vino acompañada de un regusto de tristeza.

—¡Magdalena! ¡Magdalena!

—¿Qué pasa, Sebastian? Has despertado a los pequeños...

—¡Magdalena! ¿Es posible que sea cierto lo que me escribe mi amigo Herber desde Halle?

—¿De qué se trata? ¿Qué te abruma tanto?

—Es sobre Friedemann. Herber me comunica que Friedemann había recibido el encargo de escribir una composición musical para una fiesta en la Universidad de Halle por la que recibiría cien táleros. Se aproximaba la fecha de entrega y Friedemann acabó presentando la pieza, que resultó ser un plagio de un fragmento de *La Pasión según San Juan* que yo escribí... Pero lo peor no es eso, me dice Herber que Friedemann se ha dado tanto a la bebida que es incapaz de trabajar y de escribir música por sí mismo, ¡que se aproximaba la fecha de entrega y, como no tenía la cabeza clara para componer, decidió copiar una obra mía cambiando tan sólo algunas notas![76]

—¡Sebastian, querido!

—Magdalena, Friedemann tiene talento de sobras para escribir y ejecutar la música que le plazca, no tiene por qué utilizar mi música ni mi nombre...

—Lo sé, Sebastian, lo sé. Pero Friedemann siempre ha sido tan impulsivo y temperamental...

---

76. Cfr. *Die kleine Chronik der Anna Magdalena Bach.*

—¡Eso no importa! ¡Friedemann ha sido mi hijo predilecto y él lo sabe! ¡No me merezco que haga esto cuando él mismo ya ha alcanzado la fama!

A pesar de las quejas y protestas de Bach, Friedemann siguió haciendo de las suyas y jamás se disculpó ante su padre por este incidente. Era cierto que el mayor de los hijos de Bach tenía un carácter rebelde e insolente que en más de una ocasión le llevó a enfrentarse con su padre y con sus maestros. Al poco tiempo de este triste episodio, Friedemann abandonó a su esposa y a su hija y llegó a perder el puesto de organista, por lo que tuvo que dedicarse a ocupar otras plazas de músico, menores del rango que merecía por su talento y prestigio.

El otro gran disgusto de esos años se lo causó el tercero de sus hijos, Johann Gottfried Bernhard. Bach había conseguido para él una plaza de organista en la iglesia de Santa María de Mühlhausen, pero al poco tiempo de llegar allí empezó a tener enfrentamientos con el rector de la iglesia para la que había sido contratado.

—Señor, honramos el nombre de su padre, pero, a pesar de sus recomendaciones, nosotros no estamos nada contentos con el modo que tiene de interpretar la música de iglesia.

—¿Qué quiere decir con eso de que no están contentos con mi modo de tocar? —preguntó con impertinencia Bernhard.

—Pues que se precipita en los acordes y las notas. Que improvisa desordenadamente y los fieles no pueden seguirle. No respeta usted las normas litúrgicas y... si no cambia especialmente en su modo de ejecutar los corales, nos veremos obligados a buscar otro organista que le sustituya.

Y así fue. Al cabo de un mes, Bernhard había sido despedido, cosa que pareció no importarle en absoluto. Su padre le buscó entonces otra plaza en Sangerhausen, pero allí tuvo mayores problemas, hasta que decidió abandonar el puesto de trabajo y dedicarse a viajar.

En cierta ocasión, Magdalena preguntaba con preocupación a su esposo, al que veía sufrir mucho por los zarandeos de su tercer hijo:

—Sebastian, ¿qué sabes de Bernhard?

—Ahora está en Berlín. Dice que necesita dinero, que si le podemos mandar cincuenta táleros...

—Bernhard debería regresar y buscar trabajo en Leipzig. Quizá le resulte más fácil con los contactos que tú tienes en la ciudad.

—En su última carta me decía que no piensa regresar de momento, que se quiere ir a Rusia y después a Francia...

Bernhard viajó unos años de su vida por Europa y contrajo numerosas deudas que su propio padre tuvo que sufragar en varias ocasiones. El disgusto mayor fue cuando, a finales de 1739, dos años después de su despedida de Sangerhausen, llegó la noticia de su repentina muerte a la edad de veinticuatro años.

¡Cuánto hizo sufrir esto a Bach! En medio de las incomprensiones que vivió con sus superiores, tener que hacer frente a la ingratitud e inconsciencia de algunos de sus hijos precisamente cuando más se tenía que apoyar en ellos. Aún le quedaba el consuelo del segundo, Carl Philipp Emanuel, y de su benjamín, Johann Christian, quien, a la corta edad de doce años, se había convertido ya en el mejor y más aventajado de sus alumnos.

—Christian, hijo, toca para Gottfried este estudio, a ver si tu hermano te puede seguir.

El pequeño Gottfried aunque era mayor que el benjamín de la familia, padecía una discapacidad mental importante que le impidió desarrollarse de forma normal.

—Gott, esta nota se toca así —le indicaba su hermano, mientras el padre los observaba con atención.

—Pero Christian, es que me cuesta mucho estirar los dedos...

—Tú inténtalo. Mira, Susana y Lieschen también tocan ya este estudio. Vamos a tocar todos juntos y así formaremos un cuarteto. Padre, ¿nos quieres dirigir, por favor?

Bach, entusiasmado por el improvisado cuarteto, les daba la entrada, les iba marcando los tiempos, las pausas... Gottfried, a su manera, improvisaba en el clave las notas que le venían a la cabeza con cierto desorden y a destiempo; sin embargo, el muchacho ponía tanto entusiasmo y afición que conseguía emocionar a su padre. En más de una ocasión el cuarteto se tuvo que interrumpir por las lágrimas de Sebastian, mientras contemplaba a sus hijos tocando las canciones y pequeños estudios que él mismo les había enseñado.[77]

Mientras tanto, el segundo, Carl Philipp Emanuel, a la edad de veinticinco años, ya había conseguido el puesto de primer clavecinista en la corte de Federico II el

---

77. Cfr. *Die kleine Chronik der Anna Magdalena Bach.*

Grande, rey de Prusia. En alguna ocasión, había llegado a mandar dinero a su casa para ayudar a sufragar los gastos de la numerosa familia.

El trabajo de Carl Philipp Emanuel en la corte prusiana fue precisamente la ocasión para invitar a Bach a una recepción ante el propio rey y aumentar aún más la fama del maestro. Además, con ocasión de ese viaje, Bach escribiría otra de sus obras más famosas, que dedicó entonces al rey de Prusia: la *Ofrenda musical*.

Viaje a Prusia, 1747

A primeros de mes llegó carta desde Berlín.

—¡Padre, ha llegado el cartero! ¡Trae carta de Emanuel!

—Gracias, Catharina, llama a tu madre y a tus hermanos, la leeremos todos juntos. A ver qué explica nuestro clavecinista.

Fueron llegando todos y se sentaron alrededor de su padre. Bach se puso las gafas de aumento y empezó a leer:

«Querida familia:

Los días transcurren lentamente en esta corte. El rey es un apasionado de la música y nos trata con gran consideración. Nosotros estamos muy agradecidos y desearía mucho teneros cerca. Padre, el rey me manda deciros que tiene el honor de invitaros a que visitéis la corte y le dediquéis alguna de vuestras obras. Espero podáis venir pronto y que este abrazo que ahora os envío por carta, os lo pueda dar personalmente. Para todos, besos. Emanuel.»

—Padre, ¿qué es eso que dice Emanuel? ¿Es cierto que vais a viajar a Prusia? —preguntaba Catharina, la hija mayor.

—Pues, es probable. ¿Tú qué dices, Magdalena?

—¡Prusia! ¡Claro que sí, Sebastian, ahora es el momento!

Prusia era entonces el estado más importante y de mayor extensión de Alemania. Bach tenía allí más admiradores que en la propia Leipzig, empezando por el monarca, Federico II, apodado «el Grande».

—Pues en ese caso, no se hable más. Escribiré inmediatamente a Emanuel comunicándole mi intención de realizar el viaje durante el próximo mes de mayo.

—Padre, y nosotros... ¿no podríamos ir también? —preguntaban con ansia los más pequeños.

—Pero hijos, si es un viaje largo y pesado. Son catorce horas de camino en diligencia y no cabríamos todos en el mismo coche. Además yo no sé si a Emanuel le importaría que fuéramos todos. Es probable que él venga a visitarnos el próximo verano...

—Padre, yo quiero ir... —insistía el pequeño Christian.

—Hijos, en esta ocasión iré yo primero y así podré estudiar las condiciones del viaje. Además, la estancia será muy corta, sólo un par de días y ya estaré de vuelta. Por esta vez no vale la pena que vayamos todos. Os prometo que cuando regrese organizaremos otro viaje para ir todos juntos a visitar a vuestro hermano. ¿Qué os parece?

No tuvieron más remedio que asentir. La aventura de ir todos juntos a Prusia resultaba, entre otras cosas, bastante cara para las posibilidades económicas que tenía la familia Bach.

A los pocos días de la carta de Carl Philipp Emanuel, llegó una invitación formal de Federico II de Prusia a través del conde Keyserling, su embajador en Dresde y gran admirador de Bach desde que formó a su discípulo Johann Goldberg y le dedicó su famosa obra sobre las *Variaciones Goldberg*.

Por fin, a principios del mes de mayo de 1747, Bach emprendía el ansiado viaje. Diligencia en marcha, tardó casi un día completo en llegar a Potsdam. Salió su hijo a recibirle:

—¡Padre! ¡Qué alegría que hayáis llegado! ¿Cómo habéis hecho el viaje?

—Estoy cansado, hijo. Recuerda que ya tengo sesenta y dos años...

—Venid, el rey os espera en su salón de recepciones para daros personalmente la bienvenida. Además tengo otra buena noticia que daros. Friedemann me escribió una carta recientemente anunciándome su intención de viajar también a la corte para acompañaros en esta visita.

—Qué bien, Emanuel. Gracias por avisar a tu hermano. Hace tanto que no hablamos.

Era cierto, tras el incidente del concierto de santa Sofía de Dresde, Bach no había vuelto a ver a su hijo mayor ni a saber nada más de él.

—¡Vamos, vamos! Que el rey os está esperando.

Bach casi no tuvo tiempo de desprenderse de su equipaje y fue conducido a toda prisa ante el rey. Al entrar en la sala, Federico exclamó:

—¡Señores, ha llegado el viejo Bach! —y se dirigió a él estrechándole la mano.

—Alteza, es un verdadero honor visitar su corte. Gracias por vuestra invitación.

—De ningún modo, Bach. Soy yo quien os agradece

el honor de venir a visitarnos. Tenía verdadero interés por conoceros personalmente y escuchar de vuestras propias manos la interpretación de alguna obra musical.

—Cuando vuestra majestad disponga.

—Pues mañana mismo, si os parece, pero, antes, permitidme que os enseñe mi colección de pianos construidos por el propio Silbermann; supongo que le conoceréis.

—¡Oh, sí, señor! Incluso habíamos trabajado juntos en alguna ocasión. El señor Silbermann siempre solicitaba mi opinión sobre los pianos y los órganos que construía. Es un artista.

—Pues aquí tenéis las piezas preferidas de mi colección de instrumentos, ¿qué os parecen?

Bach fue paseando por los salones de palacio donde el rey guardaba con sumo cuidado su colección particular de instrumentos y de piezas de música. El maestro estaba emocionado. En un instante, se sentó y empezó a tocar el tema de una fuga que Federico II había escrito para la ocasión. Sin embargo, empezó a improvisar variaciones sobre el tema inicial dejando a todos boquiabiertos. Federico se entusiasmó tanto que le rogó que le dejara una copia escrita de esas variaciones.

—Señor Bach, ¿sería mucho pedirle que me transcribiera esta obra para guardarla entre las piezas de mi colección?

—¡Cómo no, Majestad! En cuanto regrese a Leipzig trabajaré con más detalle en esta obra y le mandaré la partitura en la primera ocasión que tenga.

—Así lo espero, Bach. No había tenido el privilegio de escuchar su música tocada personalmente por usted y no desearía perder la oportunidad de tener una obra suya entre las piezas más destacadas de mi colección de música.

Ése fue, precisamente, el origen de otra de las obras más famosas de Bach en su etapa de madurez como compositor: la *Ofrenda musical*. Efectivamente, desde Leipzig, dos meses más tarde, Bach perfeccionó la fuga que había tocado para el rey y envió al monarca la partitura de su obra junto a una dedicatoria personal que hizo grabar en cobre en honor de Federico II.

Esa noche, Bach siguió paseando junto al rey por los diferentes salones de palacio; al anochecer, se despidieron hasta el día siguiente. Cuando Bach se encontró de nuevo con su hijo, éste le interpeló con curiosidad:

—Padre, ¿qué os ha dicho el rey?

—Que tocas muy bien el clave y que está muy contento contigo.

—Padre, no bromeéis. El rey estaba ansioso de conoceros y de oíros tocar el órgano.

—Sí, hijo, el concierto será mañana, en el palacio de Sanssouci. ¿Podrás asistir?

—Cómo no. Si he venido expresamente desde Berlín para veros y atenderos personalmente en vuestro viaje.

—Gracias, hijo, yo también tenía muchas ganas de verte y abrazarte, pero ahora me encuentro un poco cansado. ¿Te importaría acompañarme a mi habitación?

En ese momento llegó Friedemann:

—Padre, ¿cómo estáis?

—¡Hijo! ¡Qué alegría tan grande! Ven aquí que te dé un abrazo...

Friedemann abrazó con fuerza a su padre y le pidió perdón por su obstinado silencio después de tanto tiempo. A continuación, los tres permanecieron un rato hablando hasta que Sebastian se quedó dormido.

Al día siguiente, Bach tocó para el rey durante tres horas demostrando su maestría y su dominio de la técnica y del arte musical. Bach había sido invitado a demostrar quién era delante del príncipe alemán más importante de la época y lo cumplió sobradamente. Al finalizar, el señor Quantz, uno de los músicos más famosos de la corte prusiana, que había asistido al concierto, escribió la siguiente crónica para un amigo suyo:

«Nos podemos preguntar si el gran Bach que posee un dominio tan perfecto de la técnica y cuyas obras no pueden escucharse sin sentir una gran admiración, ha adquirido tan prodigiosa habilidad pensando en las relaciones matemáticas de los tonos, o quizás ha estudiado matemáticas para componer sus imponentes obras. En realidad no era así: Bach llevaba la música en la sangre y no necesitaba las matemáticas para componer.»[78]

El rey, por su parte, quedó tan entusiasmado que le rogó que acudiese de nuevo al palacio esa misma noche para tocar una fuga a seis voces, porque quería ver hasta dónde podía desarrollar el tratamiento polifónico de un tema. Cuando Bach concluyó su fuga, el rey, apasionado, exclamó:

—¡No hay más que un Bach! ¡No hay más que un Bach![79]

---

78. Cfr. *Die kleine Chronik der Anna Magdalena Bach.*

79. Cfr. *Die kleine Chronik der Anna Magdalena Bach.*

Al finalizar el segundo día de su estancia en Potsdam, viajó a Berlín con sus dos hijos. Visitó el edificio de La Ópera y la ciudad. Al día siguiente, emprendió el camino de regreso a Leipzig. Con qué alegría se despedía el maestro de sus dos hijos mayores y del rey, agradeciendo las muestras de cariño que éste le dispensó en todo momento. Qué bien le sentó ese reconocimiento después de tantos años de contradicciones. Fue especialmente oportuno, porque empezaba a notar realmente el cansancio de tantos años y a presentir el final de su vida.

El camino de regreso se hizo especialmente pesado.

—¡Cochero! ¿Cuánto falta para llegar a Leipzig?

—Ya estamos llegando, señor. Antes de dos horas podrá estar descansando en su casa tranquilamente.

Al llegar a casa, Magdalena y sus hijos salieron con prontitud a recibirle.

—¡Padre! ¡Padre! ¿Cómo ha ido el viaje a Prusia?

—Hijos, gracias por vuestro recibimiento. ¡Magdalena!

—Hola, Sebastian. ¿Cómo te encuentras? ¿Qué tal has hecho el viaje?

—Ha ido todo muy bien, gracias de veras. He estado con Friedemann y con Emanuel. El rey me ha atendido muy bien en todo momento.

—Sebastian, parece que estás cansado, ¿es que no te encuentras bien?

—No sé, Magdalena. La verdad es que me encuentro cansadísimo. El viaje, las emociones...

—Hijos, vuestro padre está fatigado. Ahora vamos a dejar que se acueste y mañana nos lo contará todo.

Ya en la alcoba, Magdalena se acercó a su marido y con gran delicadeza le preguntó:

—Sebastian, ¿cómo te encuentras? Son tus ojos, ¿verdad?

—Magdalena, no puedo más. Siento un dolor muy intenso. A veces ya no veo ni con los lentes. Además, me duele mucho la cabeza y noto que me faltan las fuerzas.

—Descansa ahora. Te traeré un poco de caldo y mañana llamaremos al médico. Debe de haber algún remedio para tus ojos. Algún especialista al que podamos acudir.

—No sé, Magdalena. Pero a veces no consigo leer ni una nota a la luz del día.

—Duerme un poco, Sebastian. Lo necesitas.

—Gracias, Magdalena, buenas noches.

—Que descanses.

Esa noche tardó en conciliar el sueño. Las emociones del viaje, el recuerdo de sus hijos mayores, la preocupación por los pequeños, por sus alumnos, las obras que había empezado y debía concluir, el *Arte de la fuga*, los *Dieciocho corales de diversas formas...* todo le apremiaba para seguir trabajando. No podía ponerse enfermo ahora. Se acordaba también del rector Ernesti, que al día siguiente lo esperaría en la escuela para los ensayos del coro. Le preocupaba especialmente que, en esas últimas semanas, había faltado alguna vez a su trabajo por motivos de enfermedad... Realmente Bach empezaba a notar el peso de los años y la pérdida del vigor y de la vitalidad que hasta ahora lo habían caracterizado.

El final de su vida

Los meses siguientes a su viaje a Prusia transcurrieron tranquilos entre las horas de composición, el estudio, las clases particulares y los ensayos con el coro de la escuela. Bach había tenido que pedir varias veces que le suplieran en esas funciones por motivos de salud. El Concejo y el rector Ernesti seguían muy molestos y se quejaban por ello. Él, en cambio, aprovechaba esta circunstancia para seguir trabajando en sus obras.

Al finalizar ese año aún tuvo una nueva satisfacción. Fue invitado a formar parte de la Sociedad de Ciencias Musicales que había fundado un antiguo alumno suyo, Christoph Mizler. Con ocasión de su ingreso en esta sociedad de músicos compuso una nueva obra: el *Canon triplex* a seis voces.

Acababa de inaugurarse el curso de 1749 y una mañana de septiembre, Sebastian se levantó con fiebre. Aunque intentó no faltar a los ensayos, no tuvo más remedio que pedir que le sustituyeran de nuevo en sus funciones en la escuela. Por otra parte, sabía de sobras que esto no le iba a hacer mucha gracia a Ernesti, pero aun así, y siguiendo el consejo de su esposa, decidió quedarse en casa y avisar al médico.

—Doctor, ¿qué piensa de la salud de mi marido?

—Señora Bach, su esposo padece principio de diabetes y esto afecta aún más a su dolencia ocular. Su visión no es buena desde hace años y por temporadas padecerá fuertes dolores de cabeza y mareos.

—Pero debe de haber algún remedio para calmar esos dolores y mejorar su vista.

—Ya lo estamos intentando. Hacemos lo que podemos; he oído decir que hay un especialista inglés, el médico John Taylor, que ha obtenido buenos resultados en operaciones de ojos. Según tengo entendido, tenía previsto visitar Leipzig y Dresde en los próximos meses, y quizá podrían ponerse en contacto con él y aprovechar la ocasión para que efectuara un reconocimiento a su marido.

—¿Usted le conoce? ¿Podría facilitarnos su dirección?

—Descuide, señora, en cuanto tenga más noticias se lo haré saber.

—Gracias, doctor Kempen, ¡estamos tan preocupados! A mi marido, la posibilidad de quedarse ciego le aterra más que la muerte.

—Lo sé, señora. Descuide, haremos todo lo que podamos.

Hacía poco que se había marchado el médico cuando llegó un mensajero a casa de los Bach con una carta para Sebastian. Magdalena la recogió, leyó el remite y subió corriendo a entregársela a su marido.

—Sebastian, ¿cómo te encuentras?

—Estoy mejor, gracias. Mira, Magdalena, a pesar de

no haber tenido fuerzas para ir a los ensayos del coro, sí he podido aprovechar para escribir algunas partes nuevas sobre el *Arte de la fuga*.

—¡Estupendo, querido!

—Sí. Ven a ver qué te parecen.

—Sebastian, con esta obra, es como si persiguieras algo diferente... No sé cómo expresarlo.

—Sí, Magdalena. Esta es una música de pensamiento. Es la búsqueda de la idea musical pura, de su organización espacial y de su desarrollo temporal.[80]

Magdalena cogió las partituras, las estudió con atención y exclamó:

—Sebastian, esto es sublime. No tengo palabras, ¿cuándo me llevarás a escucharla contigo al órgano?

—A ver cómo me encuentro mañana... pero, tú venías para decirme algo, ¿no es así?

—Así es. Se trata del señor Ernesti. Ha venido un mensajero en su nombre y me ha pedido que te entregue esta carta de parte del Concejo.

—¿Querrías hacerme el favor de leerla?

Magdalena procedió a la lectura de la carta:

«Señor Bach:

Debido a sus continuadas ausencias y sustituciones por problemas de enfermedad o por exceso de trabajo nos vemos obligados a poner bajo su conocimiento que en el caso de per-

---

80. Ciertamente, Bach consiguió con esta obra demostrar la línea ideal de la música tal y como él la concebía: el secreto de su pura organización y de una combinación magistral de formas, cfr. Antoine Goléa, «El creador», p. 152, en la obra colectiva *Johann Sebastian Bach* (pp. 117-155), Fabril Editora, Buenos Aires, 1962.

sistir estos reemplazos y representaciones de su persona a través de terceros, procederemos a su destitución definitiva del puesto de cantor así como de las funciones de prefecto del coro de la escuela de Santo Tomás.»[81]

Tras la lectura de la carta, los dos permanecieron callados un rato sin saber qué decir. Al poco, Magdalena exclamó:

—Sebastian, no es justo que te traten así.

—Pero ¿qué podíamos esperar? ¿Alguna vez ha sido diferente desde que se marchó el rector Gesner?

—Pero tú no te has ausentado de tu cargo por desidia o falta de responsabilidad. Estás enfermo y ellos parece que se empeñan en castigarte aún más por ello.

—Ernesti busca eso desde el primer día que tomó posesión de su cargo. Pero, Magdalena, ¿qué nos importa ya? Yo sigo teniendo las clases particulares, sólo quedan en casa cinco hijos y puedo seguir componiendo...

Magdalena no tuvo más remedio que asentir y dar la razón a su marido con gran resignación. No había transcurrido aún una semana de la carta de Ernesti cuando se convocó una prueba musical en el restaurante Tres Cisnes de la ciudad para elegir a un nuevo candidato para el puesto de cantor. La prueba resultó ser un puro formalismo, pues ya estaba pactado de antemano que el cargo sería para Johann Gottlob Harrer, un músico directamente recomendado por el conde Brühl, quien había

---

81. Aunque el texto de la carta no es literal, ciertamente se envió una comunicación escrita a Bach dándole un ultimátum para que conociera la intención de sus superiores de nombrar, definitivamente, a otro titular. Cfr. Klaus Eidam, *La verdadera vida de J. S. Bach*, p. 286.

hecho valer su influencia ante el Concejo de Leipzig para arrebatar la plaza a Bach.

Tras conocer la noticia, Bach miró a su esposa y a sus hijos y, sin decir nada, se retiró cabizbajo a su habitación.

—Papá, papá. —Corrió tras él su hijo pequeño.

—Christian, tesoro, ven a dar un beso a tu padre, que por hoy ya ha decidido despedir el día.

—Papá, ahora podrás estar más tiempo en casa con nosotros y enseñarnos más música.

—Sí, hijo. La vida de músico es dura, ¿sabes? Pero vale la pena, aunque algunos no te reconozcan nunca...

—Padre, pero tú ya eres muy conocido y admirado.

—No creas, hijo. Quienes más agradecidos tendrían que estar fíjate cómo me tratan. Menos mal que os tengo a vosotros y a vuestra madre. Vosotros sois mi mayor consuelo.

Christian comprendió que debía dejar descansar a su padre y se retiró dándole un beso. Así se cerraba otro de los episodios más tristes de la vida de Bach, pocos meses antes de fallecer. Ni siquiera en sus últimos días Bach pudo gozar del reconocimiento de sus superiores inmediatos.

Poco después el doctor Kempen avisó a Anna Magdalena de la visita inminente de John Taylor a Leipzig a finales de marzo.

—Señora Bach, el cirujano del que le hablé tiene previsto llegar a Leipzig el próximo día veintisiete. Si quiere, puedo ponerle en contacto con él.

—Sí, gracias. Nos pondremos de acuerdo para el día de la visita.

—Recuerde, señora, que este médico cobra un poco caro.

—Gracias, señor Kempen, pero haremos lo que sea necesario para que atienda a mi marido y le cure de sus dolencias.

Así fue como el jueves de esa misma semana, el doctor Taylor visitó a Bach y le dio el peor de los diagnósticos:

—Señor Bach, usted padece cataratas, miopía aguda y vista cansada. Además, el hecho de tener principio de diabetes le acentúa los problemas de pérdida de visión y no me queda más remedio que aconsejarle una operación urgente, si no quiere seguir perdiendo vista y quedarse totalmente ciego.

La noticia causó estupor en la familia. Más aún al propio Sebastian, que lo único que deseaba era que le permitieran componer y tocar. Ya entonces había concluido *El arte de la fuga*, que fue una de sus últimas y más grandes obras. Años después de la muerte de Sebastian, cuando Mozart escuchó esta obra dijo que era la primera vez que aprendía algo.[82] Y de otro gran músico contemporáneo de Bach, Beethoven, se dice que tan sólo tenía un libro en su biblioteca, *El arte de la fuga* del maestro de Leipzig.[83]

La operación se fijó para el día siguiente a las diez de la mañana en una de las salas del restaurante Tres Cisnes, precisamente el mismo restaurante donde días antes

---

82. Luc-André, Marcel, «Sus herederos» (pp. 215-233), en la obra colectiva *Johann Sebastian Bach*, p. 220.

83. Hermann Scherchen, «El Arte de la fuga: obertura a la música de Schönberg» (pp. 261-270), en la obra colectiva *Johann Sebastian Bach*, p. 261.

había tenido lugar la prueba musical de su sucesor. El señor Taylor llevó todo su instrumental y, sin anestesia ni tranquilizante alguno, ató al enfermo al sillón para evitar que se moviera, indicó a su ayudante cómo debía sujetar la cabeza del paciente y procedió a operar los ojos del maestro.

Bach, sin pronunciar palabra alguna ni exclamación de queja, soportó terriblemente las curas que el médico le realizaba. Magdalena, a su lado, le apretaba la mano como queriéndole transmitir fuerza y consuelo, pero ella misma estaba destrozada. Sus hijos, en casa, permanecían a la espera de que alguien les informara de cómo se encontraba su padre. Cuando finalizó la operación, el señor Taylor le vendó los ojos y dijo:

—Debe permanecer tres días con el vendaje y hacer reposo. Para el tratamiento postoperatorio tendrán que aplicarle tres sangrías al día y estos purgantes que le ayudarán a combatir el dolor. Al cuarto día sabremos si ha recuperado la vista y han cesado sus dolencias. Ahora debo viajar a Dresde, pero a mi regreso vendré a ver cómo se encuentra el enfermo.

—Pero, doctor, estará bien, ¿verdad? La operación ha ido bien y dará buen resultado, ¿no es así? —preguntaba Magdalena preocupada.

—Señora, no podemos decir nada definitivo hasta que pasen tres días.

—Sí, doctor, lo que usted diga.

Se despidieron hasta el martes siguiente y, mientras tanto, Bach tuvo que soportar los mayores dolores que jamás había sufrido.

La espera se hizo eterna. El martes de la siguiente semana, a primera hora de la mañana, el doctor se presentó de nuevo en casa de los Bach para ver el resultado de su operación.

—Maestro Bach, ¿cómo se encuentra? ¿Cómo ha pasado estos días?

—Señor, me parecía que me estaban clavando alfileres en los ojos. He tenido muchos dolores.

—Vamos a ver cómo están esos ojos.

Al levantarle el vendaje sucedió lo peor. Bach no sólo no veía como antes de la operación, sino que había perdido más vista y ya sólo distinguía luces y sombras. Sus ojos estaban hinchados y doloridos por las sangrías que le habían aplicado. Se encontraba exhausto. Magdalena, agotada también por la tensión y el sufrimiento de esos días, preguntó al médico:

—Señor Taylor, ¿cómo ha encontrado a mi marido?

—Pues me temo que habrá que volver a operar.

—Pero ¿cómo es posible? ¿Es que no ha dado buen resultado su primera intervención?

—No, señora, no he podido limar bien la córnea y tendré que volver a realizar algunos pequeños cortes. Además, los cristalinos se han movido hacia las pupilas y hay que volver a intervenir.

Efectivamente, se procedió a una nueva operación con todo lo que eso suponía. No sólo los dolores de la intervención quirúrgica en sí, sino, sobre todo, las curas postoperatorias en las que le aplicaban unas sangrías muy fuertes y unas medicinas que acabaron por destruir del todo la salud y el ánimo de Bach.

A la semana de esa segunda operación, Bach quedó totalmente ciego.

Los pocos meses que le quedaron de vida, a pesar de todo, los vivió tranquilo y con una resignación que venía a confirmar, aún más, la madurez de su persona. De memoria y con su magistral instinto, se sentaba en el clave y tocaba despacio algunas de las piezas musicales que había ido componiendo a lo largo de su vida. En esos ratos siempre le acompañaba su mujer o alguno de sus hijos, que permanecía a su lado por si necesitaba alguna cosa o pedía que le ayudaran a trasladarse a algún sitio. Otras veces, era la ocasión para que el padre dictara algunas notas o pidiera que le leyeran otras, para corregir y repasar alguno de sus *Dieciocho grandes corales para órgano*, los últimos que llegó a escribir.

Una noche, antes de retirarse a descansar, y mientras Magdalena le leía uno de sus libros preferidos sobre teología, Bach, presintiendo que se acababan sus días, dijo a su esposa:

—Magdalena, ¿crees que cuando haya muerto podré seguir escribiendo música y tocando el órgano en algún otro lugar?

Su esposa lo miró asustada creyendo que estaba delirando. Ella conocía de sobras la fe de su marido y no entendía por qué le hacía esa pregunta.

—Sebastian, ¿por qué dices eso? Tú tienes que estar mucho tiempo aún entre nosotros.

—No, Magdalena; tú sabes que mi salud empeora cada día y a veces me cuesta trabajo hasta respirar. No creas que me hace sufrir el momento de la muerte. Tú lo sabes. Tantas veces la he añorado y hasta me he inspirado en ella para componer mis obras más grandes...

Eso era cierto. Quizá por esa familiaridad y resignación ante la muerte; quizá por su insondable religiosidad y su confianza en Dios, creador y señor de la historia, y en Cristo, redentor del hombre... lo cierto es que éste fue uno de los temas que más conmovieron e hicieron meditar al maestro a lo largo de su vida y le inspiraron a componer obras de un hondo sentimiento de melancolía en las que estaban íntimamente relacionadas la alegría y el dolor, el gozo y el sufrimiento. Fue precisamente a través del lenguaje musical como mejor acertó a hablar de la «consolación y la añoranza de la muerte.»[84]

Tras escuchar estas palabras, Magdalena contestó:

—Yo he observado, Sebastian, que tu música más noble es la que nace de la idea de la muerte y sobre todo de la Pasión de Cristo, y sé que crees en la vida eterna y en la misericordia de Dios, pero ¿acaso no sientes cierto temor a abandonar esta vida? ¿No sientes tristeza por abandonarnos a nosotros también?

—¿Cómo no voy a sentir tristeza por abandonaros? En realidad es lo único que de verdad me entristece. Pero no siento ningún miedo a abandonar este mundo, este cuerpo... ¿Tú no crees, Magdalena, que en esta vida estamos sólo de paso y después llegaremos a otro lugar donde estaremos mejor?

—Sí, Sebastian. Seguramente debemos esperar otro tiempo y otro lugar para alcanzar la felicidad suprema.

---

84. Cfr. *Die kleine Chronik der Anna Magdalena Bach*.

—¿Comprendes entonces qué quiero decir cuando hablo de la añoranza de la muerte? Mis padres me educaron en la fe luterana, pero yo creo que la religión es algo más esencial y personal. Algo incluso de todos los hombres, aunque algunos no encuentren el modo o la expresión más adecuada para ese sentimiento. Yo intento hacerlo a través de mi música. En el fondo, busco una forma de expresar ese misterio de la vida y de la muerte. Magdalena, ¿crees que lo he conseguido?

Magdalena miró con gran ternura a su marido y, dándole un beso, le contestó:

—Sebastian, lo has hecho tan bien, que los que te sucedan, al escuchar tu música, agradecerán todo lo que has escrito y enseñado. Descansa ahora, querido. Mañana seguiremos leyendo el libro y corrigiendo estos corales.

—Gracias, Magdalena, hasta mañana.

En los días que siguieron a esta conversación pareció que Bach remontaba el ánimo y se encontraba un poco mejor. Había llegado el verano y la temperatura era cálida. El sol entraba espléndido por los grandes ventanales del salón y Bach gastaba sus horas sentado en el clavicordio y enseñando música a sus hijos. Había quedado totalmente ciego y tenían que ayudarle en casi todo. A primeros de julio, Bach recuperó algo de su vitalidad y pudo incluso recibir a algunos visitantes que viajaron expresamente a Leipzig para ver cómo se encontraba y poderle saludar personalmente.

Parecía que todo iba mejor, pero un día se sintió un poco fatigado y decidió retirarse antes que de costumbre. «Mañana será otro día», pensó para sus adentros...

—Magdalena, por favor, ¿podrías ayudarme a recoger estas partituras? Me encuentro un poco cansado y preferiría dormir un poco.

—Claro, ahora mismo. ¿Vuelves a sentir dolor?

—Me siento fatigado. Quizá tenga algo de fiebre.

—Ven conmigo, te acompañaré a la alcoba y mañana llamaré al médico.

Al día siguiente vino el doctor Kempen y le recomendó reposo absoluto. Le había subido mucho la fiebre y sentía fuertes dolores de cabeza y una gran debilidad. Esa noche, Magdalena permaneció a su lado despierta. Al día siguiente, tuvieron una inmensa alegría. Friedemann, el hijo mayor, y Carl Philipp Emanuel, el segundo, se presentaron en casa.

—¡Friedemann! ¡Emanuel! ¡Qué alegría! Subid corriendo, vuestro padre se alegrará mucho de que hayáis venido.

Cuando Friedemann vio el aspecto de su padre, ciego y totalmente debilitado en cama, empezó a llorar.

—¡Pero, hijo! ¡Ven aquí que te dé un abrazo! No sabes cuánto he pensado en ti estos días. ¡Emanuel! Acercaos, acercaos por favor.

—Padre, ¿cómo te encuentras?

—Pues el médico me ha dicho que tengo que hacer reposo absoluto. La verdad, hijos, es que me faltan las fuerzas y siento muchos dolores.

—Te pondrás bien, padre. Nosotros te necesitamos aún.

—Sí, hijos, me pondré bien.

Esa noche, y por primera vez después de varios días, Bach descansó tranquilo y feliz. Los días siguientes la familia permaneció más unida que nunca junto a él. Sin embargo, la noche del lunes veintisiete de julio de 1750, Bach parecía que se había quedado plácidamente dormido cuando, de repente, llamó a Christoph, su yerno, que se había quedado velando su sueño esa noche:

—¡Christoph, trae papel! ¡Corre! ¡Tengo una idea musical en la cabeza! Escribe por mí, por favor.

Christoph cogió una hoja de papel pautado, la tinta, la pluma y se acercó a Bach para atender lo que le decía.

—Christoph, ésta es la última música que compondré en este mundo: «Ante tu trono me presento, Señor.»

Al concluir esta frase, Bach exhaló un suspiro y recostó su cabeza en la almohada. Entonces pareció relajarse y conciliar de nuevo el sueño.

Al amanecer, Magdalena fue a la habitación y Christoph le relató lo sucedido. Entonces miró a su marido y vio que, con grandes esfuerzos, quería decirle algo. Magdalena corrió a su lado.

—Magdalena, acércate. Magdalena, puedo verte.

—¿Cómo dices?

—Magdalena, puedo ver tu rostro y tus manos...

—No es posible. ¿De veras puedes verme, Sebastian?

Magdalena llamó a todos sus hijos, que subieron corriendo a la habitación. Ése fue el último regalo del cielo: recuperó la vista instantes antes de morir. Bach pudo así ver por última vez a su mujer, a sus hijos y al pequeño nieto que llevaba su nombre. Esa tarde —veintiocho de julio de 1750—, a las ocho y cuarto, falleció.

EPÍLOGO
La herencia de Bach

Tras su muerte, todas las cosas de valor tuvieron que ser vendidas para repartir su importe entre los familiares que aún quedaban. Su esposa no había cumplido aún los cincuenta años y, como Bach no había hecho testamento, a su mujer le quedó menos de un tercio de los pocos bienes que la familia tenía después de costear las dos operaciones y las curas del anciano Bach.

La familia Altnickol se hizo cargo de Gottfried Heinrich, que padecía una discapacidad mental y necesitaba unos cuidados especiales. Carl Philip Emanuel se hizo cargo de su hermano Johann Christian, de quince años, y se ocupó de formarlo como músico. Con el transcurso del tiempo, él también llegaría a destacar como organista.

El treinta y uno de ese mes de julio, a las once de la mañana, Bach fue enterrado junto a uno de los muros de la iglesia de Santo Tomás de Leipzig. Su esposa, aun no teniendo dinero, le costeó un ataúd de encina que muy pocos podían pagar en aquella época.

A los treinta años de su muerte, Johann Friedrich Reichhardt escribió en un ensayo titulado *Musikalisches Kunstmagazin* y publicado en octubre de 1782: «Ningún otro compositor, ni siquiera los mejores y más profundos italianos, han agotado como Bach todas las posibilidades de la armonía. Apenas hay resolución de disonancia posible que no haya empleado; todo arte armónico lícito y todo artificio armónico ilícito los ha empleado él mil veces en serio y con humor, con tal audacia y propiedad que el más grande de los armonizadores que quisiera completar un compás que faltara en una de sus grandes obras no podría hacerlo como él lo habría hecho.»[85]

Formó a ochenta y un discípulos, de los que, al menos cuarenta y seis, fueron organistas de profesión. Entre los más conocidos, Krebs, Kittel, Homilius, Kirnberger, Hiller, además de sus propios hijos, Wilhelm Friedemann, Carl Philippe Emanuel y el pequeño, Johann Christian, que llegó a ser organista de la catedral de Milán y después compositor y promotor de conciertos en Londres.

Durante los primeros años que transcurrieron después de su muerte, pareció que Bach caía en el olvido. Los conflictos con las autoridades de Santo Tomás y su retiro obligado por la destitución de su cargo extendieron sobre Bach la fama de hombre terco y músico de iglesia en un ambiente que ya estaba muy paganizado. Hasta 1800, la música de Bach era ejecutada sólo por algunos círculos de iniciados, aunque su nombre era conocido en todos los estados de la Alemania central. A partir de esa fecha, a través de los contactos de Carl Philipp Emanuel, llegaron parte de los documentos de la familia Bach a Sara Ley, tía abuela de Mendelssohn, quien quedó profundamente impresionada por la calidad de las obras de Bach. En 1829, Mendelssohn recuperó y ejecutó de nuevo la obra de *La Pasión según San Mateo,* y veinte años más tarde se

---

85. Citado por Klaus Eidam, *La verdadera vida de Johann Sebastian Bach,* p. 334.

fundó en Inglaterra la Sociedad Bach, con el propósito de editar las obras completas del que fuera cantor de Leipzig.

A partir de ese momento, la fama de Bach fue creciendo sin interrupción. Carl Friedrich Zelter, director de la Real Academia de Canto de Berlín, ejecutó la *Misa en si menor*, las *Cantatas* y las *Pasiones* y, como era amigo personal del poeta Goethe, le contagió la inquietud por su música. Goethe, al escucharla, escribió a su amigo: «Me dije a mí mismo: es como si la armonía eterna conversara consigo misma, como debió de suceder en el seno de Dios poco antes de la creación del mundo. Así se movía dentro de mí. Y era como si yo no poseyera ni necesitara oídos, menos aún ojos, ni ningún otro sentido.»[86]

También Beethoven, Mozart, Robert Schumann, entre otros, y más tarde Arnold Schönberg y Anton von Webern, entre los principales compositores contemporáneos, estudiaron a Bach como precursor del estilo clásico y antepasado de la música moderna, representante fiel de una evolución extendida sobre varios siglos.[87] Una música que anticipó el futuro y ofreció una síntesis de las técnicas compositivas precedentes a él.

Hasta nuestros días, los elogios de la música de Bach llegan de personas de las procedencias más variadas, como

---

86. Carta a Zelter de 21 de junio de 1827, citada por Klaus Eidam, *La verdadera vida de Johann Sebastian Bach*, p. 334.

87. Cfr. Hans Günter Klein, «Predecesores y contemporáneos», en la obra colectiva *Johann Sebastian Bach*, edición discográfica en once álbumes, editado por Polydor, Madrid, 1975, p. 1.
Entre las principales obras que estos compositores dedicaron a Bach, se encuentran las *Orquestaciones de dos corales para órgano de Bach* (1922) y el *Preludio y fuga en mi bemol mayor* (1928) de Schönberg, así como el *Ricercare a seis voces de la Ofrenda Musical* (1935) de Webern.

el caso del filósofo Friedrich Nietzsche, quien en una carta a su amigo Erwin Rhode, escribía: «Esta semana he oído tres veces *La Pasión según San Mateo,* y en cada una de ellas me invadió la misma sensación de ilimitada admiración. Aquél que ha olvidado el cristianismo oye aquí resonar los verdaderos ecos del Evangelio.»[88]

Ciertamente Bach supo adoptar las formas de su tiempo y desarrollarlas hasta hacer de ellas algo único, adelantándose a la armonía al menos en un siglo. La polifonía, la escritura contrapuntística, fue la esencia del lenguaje musical de Bach. Nadie como él ha sabido hacer las cuatro voces de un coral tan cantables independientemente entre sí y, a la vez, tan expresivas.

Escribió en todos los géneros: instrumental, profano, religioso, vocal —excepto ópera—, destacando por un dominio particular de la composición y de la ejecución. Combinación perfecta de músico creador e intérprete.

En música, Bach no siguió jamás ninguna moda impuesta. Había estudiado todas las formas, intentando comprender con una indomable perseverancia la estructura y el sentido verdadero de su arte, pero en sus composiciones no utilizó más que su propia inspiración y sentido, sin hacer ninguna concesión a los gustos de la época. No le impresionaban en absoluto los aplausos de la multitud, y sólo algunas veces le interesaba conocer la opinión de algunos músicos de valor reconocido.[89]

---

88. Citado por Joseph Pascual, «Bach, 250 años después» (pp. 22-25), publicado en la revista *Amadeus,* n° 87, p. 22.

89. Cfr. *Die kleine Chronik der Anna Magdalena Bach.*

Bach fue, en parte, hijo de su tiempo. Vivió como muchos músicos de la época influido por las circunstancias históricas de la Europa del siglo XVIII.

Sin embargo, y a pesar de esas circunstancias comunes a todos los músicos y artistas de la época, en el caso de Bach descubrimos dos cosas que le llevaron a sobresalir respecto de sus contemporáneos. En primer lugar, su elevada intuición musical ligada a la excelente preparación que recibió desde su infancia. En segundo lugar, la experiencia del dolor, del sufrimiento humano, que afrontó desde que era niño.

Bach quedó huérfano de padre y de madre a los diez años, y ya desde entonces tuvo que aprender a enfrentarse a numerosas contradicciones, incomprensiones y envidias. Su gran sensibilidad para captar el sentido del dolor y del gozo de la existencia en este mundo, además del gran dominio de la técnica musical, le llevó a crear obras grandiosas de carácter tanto profano como sagrado, hasta situarlo por encima de los convencionalismos de su época.

La mayor parte de su vida estuvo al servicio de autoridades eclesiásticas, municipales o príncipes terratenientes que, en la mayoría de las ocasiones, no llegaron nunca a comprenderlo ni apoyarlo. Quizá esto le otorga un valor añadido que da a su vida una nota de más admiración. Una vida rutinaria y sencilla pero llena de esfuerzo y lucha por sacar adelante las dos cosas que más le importaron en este mundo: su música y su familia.

Cronología

1648 Fin de la Guerra de los Treinta Años, que había enfrentado a Alemania con las principales potencias europeas por motivos religiosos y políticos.

1674 Alemania declara la guerra a Francia (Luis XIV).

1685 21 de marzo: Nace Johann Sebastian Bach en la ciudad alemana de Eisenach.

1693-95 Inicia sus estudios en la escuela de Eisenach.

1694 Muere su madre.

1695 Muere su padre.

1695-00 Se traslada a vivir con su hermano mayor a Ohrdruf, mientras prosigue sus estudios en el Liceo y sus primeras clases de órgano.

1700-02 Se traslada a vivir a Luneburgo y se matricula en la Escuela de San Miguel de esta ciudad.

1701 Intervención de Alemania en la Guerra de Sucesión española.

1703 En marzo, consigue su primer empleo como músico, al servicio del duque Johann-Ernst de Sajonia-Weimar.

1703 En agosto, es nombrado organista de la iglesia nueva de Arnstadt.

1705-06 Asiste a los conciertos de verano de Dietrich Buxtehude en la ciudad de Lübeck.

1707 En junio, le otorgan el nombramiento de organista de la iglesia de San Blas, en la ciudad de Mühlhausen.

1707 En octubre, contrae matrimonio con Maria Barbara, prima segunda por parte de padre.

1708 En julio, se traslada a Weimar para ocupar la plaza de organista de la corte y músico de cámara del duque Wilhelm-Ernst.

1715-16 Realiza diversos viajes a Halle y Erfurt para peritar nuevos órganos.

1717 En mayo, traslado a Cöthen para ocupar el puesto de maestro de capilla y director de música de cámara de esa corte.

1717 En agosto, el príncipe Leopoldo de Anhalt-Cöthen le otorga el doble nombramiento de maestro de capilla y director de música de cámara en su corte.

1717 En septiembre, viaja a Dresde para asistir al concurso de órgano en competencia con el músico francés Luis Marchand.

1717 En noviembre-diciembre, permanece un mes en el calabozo condenado por el duque de Weimar «por haber hecho gala de una pertinaz testarudez».

1719 En octubre, intentos vanos de viajar a Halle para conocer personalmente a Haendel, uno de los músicos a los que más admiraba.

1720 En julio, muere Maria Barbara.

1720 En noviembre, viaja a Hamburgo para el concierto de Santa Catalina y conoce a la que será su segunda esposa, Anna Magdalena Wilcken.

1721 En diciembre, contrae matrimonio en segundas nupcias con Anna Magdalena.

1722 En diciembre, solicita el puesto de cantor en la Escuela de Santo Tomás de Leipzig.

1723 En febrero, pruebas de admisión para ocupar el puesto de cantor tras la renuncia de Telemann a esa plaza.

1723 En mayo, se traslada con su familia a Leipzig.

1729 En marzo, asume la dirección de la Asociación Musical de Leipzig fundada por Telemann.

1730 Johann Matthias Gesner sucede en el puesto de rector de la Escuela de Santo Tomás a Ernesti «el viejo».

1730-32 Diversos viajes a Dresde y Cassel para peritar órganos y ofrecer conciertos.

1733 En julio, envía a Dresde, sede de la corte de Federico Augusto II, las partituras del «Kyrie» y el «Gloria» de la *Misa en si menor,* solicitando el puesto de compositor de dicha corte.

1734 En enero, Federico Augusto II es coronado rey de Polonia bajo el nombre de Augusto III.

1734 En noviembre, Gesner cesa como rector de la Escuela de Santo Tomás y le sucede en el cargo Johann August Ernesti, apodado «el joven».

1736 En agosto, estalla la Guerra de los Prefectos, que durante dos años mantuvo la oposición entre Bach y el rectorado de la Escuela de Santo Tomás.

1736 En noviembre, Bach recibe el nombramiento de compositor de orquesta de la corte de Sajonia concedido por Federico Augusto II, príncipe electo de Sajonia y rey de Polonia.

1738 Carl Philipp Emanuel, su segundo hijo, consigue el cargo de primer clavecinista en la corte del príncipe imperial Federico II de Prusia, apodado «el grande».

1745 En noviembre-diciembre, las tropas prusianas ocupan Leipzig durante la segunda guerra de Silesia.

1747 En mayo, viaja a Potsdam y visita la corte del rey de Prusia, Federico II, al que dedica una de sus últimas obras, la *Ofrenda musical*.

1747 En junio, Bach se convierte en miembro de la Sociedad de Ciencias Musicales de Leipzig, fundada por Mizler.

1750 En marzo-abril, es sometido a dos operaciones de la vista que lo dejan totalmente ciego.

1750 El 28 de julio fallece en Leipzig, rodeado por su esposa, sus hijos y algunos pocos discípulos.

Índice

Colección biografía joven

1. **Pasión por la verdad** (San Agustín)
   Autor: Miguel Ángel Cárceles

2. **El joven que llegó a Papa** (Juan Pablo II)
   Autor: Miguel Álvarez

4. **La madre de los más pobres** (Teresa de Calcuta)
   Autora: María Fernández de Córdova

5. **La descubridora del radio** (María Curie)
   Autora: Mercedes Gordon

6. **Un genio de la pintura** (Velázquez)
   Autora: Mercedes Gordon

7. **Camino de Auschwitz** (Edith Stein)
   Autora: María Mercedes Álvarez

8. **La formación de un imperio** (Carlos V)
   Autor: Godofredo Garabito

9. **Los pastorcillos de Fátima** (Lucia, Francisco y Jacinta)
   Autor: Miguel Álvarez

10. **Un arquitecto genial** (Antoni Gaudí)
    Autor: Josep Maria Tarragona

11. **Un corazón libre** (Martin Luther King)
    Autores: José Luis Roig y Carlota Coronado

12. **Una vida para la música** (Johann Sebastian Bach)
    Autora: Conchita García Moyano

13. **El hijo del trueno** (San Juan de Betsaida)
Autor: Miguel Ángel Cárceles

14. **Siempre madre** (Santa Juana de Lestonnac)
Autora: M.ª Teresa Rados, O. N. S.

15. **El mago de las palabras** (J. R. R. Tolkien)
Autor: Eduardo Segura

16. **La aventura de ser santo** (San Josemaría Escrivá
de Balaguer)
Autor: Miguel Ángel Cárceles

17. **Canciller de Inglaterra** (Sir Tomás Moro)
Autor: Francisco Troya

18. **La luz en los dedos** (Luis Braille)
Autor: Miguel Álvarez

19. **Una pequeña revolución** (Santa María Rosa Molas)
Autora: M.ª Teresa Rosillo

20. **Por tierras y mares «de esperar en Dios»**
(San Francisco Javier)
Autor: Máximo Pérez Rodríguez, S. J.

21. **Una historia de lucha y amor** (Santa Teresa de Jesús)
Autora: Amparo Boquera

22. **El insigne hidalgo** (Miguel de Cervantes)
Autor: Francisco Troya

23. **Encuentros con el amor** (Bernadette Soubirous)
Autora: María Mercedes Álvarez

Johann Sebastian Bach

La Alemania de Bach

En la época de Bach, Alemania era muy diferente a como la conocemos hoy. A consecuencia de la Guerra de los Treinta Años y tras la firma de la Paz de Westfalia (1648), el país quedó organizado en un conjunto de pequeñas ciudades-estado que se habían ido fragmentando a lo largo de la historia tras la división del antiguo Sacro Imperio Romano Germánico, fundado por Carlomagno en la Navidad del año 800. Así, numerosos ducados, condados, marquesados, principados y otras divisiones administrativas, componían un mosaico de hasta trescientos cincuenta pequeños estados de variable extensión y diverso régimen.

Todos tenían en común la lengua, el alemán, y la religión cristiana, aunque ésta se hallara también dividida en diferentes confesiones: católica, luterana o evangélica, según la voluntad del príncipe o señor que gobernara cada territorio.

Gerard ter Borch. *El juramento de ratificación del Tratado de Münster* (1648).

Eisenach

En una sencilla casa del pueblo de Eisenach, a pocos kilómetros de Colonia, nació y vivió, durante sus primeros años de infancia, Johann Sebastian Bach. En 1694 murió su madre, y al año siguiente su padre. Bach acababa de cumplir diez años y tuvo que trasladarse a Ohrdruf, donde residía su hermano mayor.

Casa natal de Bach, en Eisenach.

Bach procedía de una familia de músicos. Él mismo dibujó el árbol genealógico de su familia, y contó hasta cincuenta y tres antepasados y contemporáneos músicos. Su tatarabuelo, Vito Bach, fue molinero y panadero en el pueblo de Wechmar (Gotha). Se dice de él que su mayor placer consistía en tocar la guitarra mientras se molía el trigo.

La reforma protestante

Tras la Edad Media, la Iglesia católica perdió gran parte de la influencia y el poder que la caracterizaron durante los siglos precedentes. Alemania fue uno de los países pioneros en iniciar la llamada Reforma Protestante propiciada por Martín Lutero.

Lutero (Alemania, 10 de noviembre de 1483 — 18 de febrero de 1546) se opuso a la «venta de indulgencias» que permitía a los feligreses «comprar» el perdón de sus pecados, y a partir de ahí llevó a cabo una profunda revisión crítica de los postulados católicos. Se separó de la obediencia al Papa, quien le excomulgó el 3 de enero de 1521.

Martín Lutero.

Calvino.

A las reformas de Lutero siguieron otras en distintos países, principalmente en Suiza, liderada por Calvino, y en Inglaterra, promovida por Enrique VIII. La Iglesia católica reaccionó con la llamada Contrarreforma católica.

Enrique VIII.

El órgano portátil

Herencia de la Edad Media, en aquella época era frecuente disponer de órganos portátiles en las casas de familia. El intérprete tocaba el teclado mientras otra persona, o él mismo con su mano izquierda, accionaba los fuelles para abrir y cerrar el paso del aire por los diferentes tubos.

Un incomprendido

Gerrit Greve. *Bach #3* (1979).

Bach sufrió durante su vida toda clase de incomprensiones. Sometido a la autoridad de príncipes o señores terratenientes y eclesiásticos, muchas veces se vio obligado a ceder y aceptar condiciones de trabajo que no estaban a la altura ni de su talento ni de su persona. Quizá uno de los episodios más duros fue cuando, durante su estancia en Weimar, el duque Wilhem-Ernst ordenó su encarcelamiento por negarse a permanecer bajo sus órdenes como músico. Tras un mes en el calabozo, Bach fue liberado gracias a la mediación del príncipe Leopoldo de Anhalt-Cöthen.

Paul Klee. *Al estilo de Bach* (1919).

La vida familiar

Bach se casó en dos ocasiones. Primero con una prima segunda, Maria Barbara, con quien vivió feliz trece años hasta su fallecimiento, en julio de 1720.

A su segunda esposa la conoció en noviembre de 1720, mientras él ensayaba un concierto de órgano en la iglesia de Santa Catalina de Hamburgo. Anna Magdalena, dieciséis años menor que él, escuchaba embelesada en un rincón del templo sin imaginar que el intérprete era el propio Bach. Desde entonces, su admiración y su amor crecieron día a día hasta el final de su vida.

Toby Edward Rosenthal. *Bach y su familia durante sus oraciones matutinas* (1870).

La música de cámara

La música de cámara se caracteriza por estar escrita para un pequeño grupo de instrumentos en el que cada músico toca una parte diferente y no hay director. Los músicos se sientan unos frente a otros para poder visualizarse y lograr una mejor coordinación entre ellos. El nombre «de cámara» procede del italiano *da camera* y significa «para una estancia». Durante el Barroco, era frecuente componer en este género para pequeños grupos de instrumentos ubicados en salas palaciegas.

Como maestro de capilla y director de música de cámara en el principado de Cöthen, Bach era responsable de toda la música que se producía en la corte. El príncipe Leopoldo estaba orgulloso de él y valoró su música y sus composiciones hasta que, tras contraer matrimonio con la princesa Federica, poco sensible a la música y más aficionada a organizar torneos militares o fiestas palaciegas, Bach se fue viendo relegado y tuvo que buscar otro puesto de trabajo.

↓Matthäus Merian. *Cöthen* (1650).

El cantor de Leipzig

Desde 1723 y hasta su muerte en 1750, Bach fue maestro de coros y director musical de la iglesia de Santo Tomás de Leipzig. Ese cargo, que incluía el de cantor de la Escuela de Santo Tomás, dependía del Concejo de la ciudad.

Los alumnos de la Escuela de Santo Tomás procedían de familias muy humildes que, mediante un sistema de becas y subvenciones, garantizaba una enseñanza mínima a quienes, de otro modo, no podían estudiar. Era impensable hacer selección de alumnado, y Bach tuvo que enfrentarse en ocasiones a la indisciplina e insensibilidad de algunos chicos, a los que, además de instruir como profesor de música, debía también darles clases de latín, e incluso vigilar durante sus horas de descanso. De todas formas, eso no fue lo más duro de su estancia en Leipzig. La llamada «Guerra de los Prefectos» fue el episodio que más dolió y humilló a Bach durante esos años.

El cuerpo de Bach yace enterrado en el presbiterio de la iglesia de Santo Tomás.

Los contemporáneos de Bach

El Barroco fue prolífico en músicos insignes. Entre otros contemporáneos a Bach, destacaron:

- Georg Friedrich Haendel, 1685-1759 Halle (Alemania)
- Johann Pachelbel, 1653-1706 Nuremberg (Alemania)
- Antonio Vivaldi, 1678-1741 Venecia (Italia)
- Tomaso Gionanni Albinoni, 1671-1751 Venecia (Italia)
- Henry Purcell, 1659-1695 Londres (Inglaterra)
- Louis Marchand, 1669-1732 Lyon (Francia)

Antonio Vivaldi.

Henry Purcell.

Bach siempre deseó conocer personalmente a Haendel, pero no tuvo ocasión de viajar a Inglaterra, donde el gran compositor trasladó definitivamente su residencia en 1712, tras vivir unos años en Italia.

En la corte de Federico el Grande

A primeros de mayo de 1747, Bach tocó ante Federico el Grande, rey de Prusia, en el palacio de Sanssouci (en Potsdam, cerca de Berlín). La escena quedó inmortalizada en este grabado de Carl Röhling. Durante su estancia en el palacio, el músico compuso la célebre *Ofrenda musical*, basada en una improvisación y dedicada a Federico el Grande.

Obras insignes

- *Tocata y fuga en re menor* (1703-1707)

- *Gott ist mein Köning* («Dios es mi Rey», cantata) (1707)

- *Conciertos de Brandemburgo* (1721)

Partituras

La Pasión según San Juan (1724)

Kosma S. Petrov-Vodkin. *Naturaleza muerta con violín* (1921).

La Pasión según San Mateo
(1727-1729)

Misa en si menor (1724-1748)

Nietzsche y *La Pasión según San Mateo*

Friedrich Wilhelm Nietzsche (15 de octubre de 1844 — 25 de agosto de 1900, Weimar, Alemania), está considerado uno de los pensadores modernos más influyentes del siglo XIX. Filósofo, poeta, músico y filólogo, su trabajo se caracterizó por llevar a cabo una profunda crítica del pensamiento occidental.

Hans Olde. *Retrato de Friedrich Nietzsche* (c. 1899).

Resulta conmovedor este comentario que Nietzsche escribió en una carta a su amigo Erwin Rhode.

«Esta semana he oído tres veces *La Pasión según San Mateo*, y en cada una de ellas me invadió la misma sensación de ilimitada admiración. Aquel que ha olvidado el cristianismo oye aquí resonar los verdaderos ecos del Evangelio.»

Rudolf Koeselitz. *Retrato de Nietzsche* (1901).

El festival de Bach

Todos los años, en el día de la Ascensión de Cristo, se celebra en Leipzig el Festival de Bach, un bonito homenaje musical al cantor de la iglesia de Santo Tomás. Grandes intérpretes internacionales se dan cita en este gran acontecimiento.

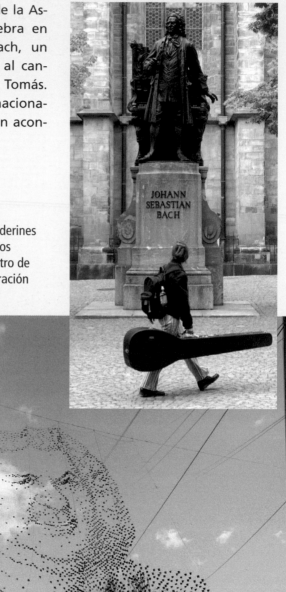

↓ Retrato a gran escala de Bach, compuesto por unos 3.000 banderines de plástico suspendidos sobre los tejados de dos edificios del centro de Leipzig, con motivo de la celebración del año Bach (2000).